高等院校公共课精品教材
"互联网+"新形态立体化教学资源特色教材

应用文写作项目化教程

钟德玲 编著

中国轻工业出版社

图书在版编目（CIP）数据

应用文写作项目化教程 / 钟德玲编著. —2版. —北京：中国轻工业出版社，2023.8
ISBN 978-7-5184-4483-0

Ⅰ.①应… Ⅱ.①钟… Ⅲ.①汉语—应用文—写作—高等职业教育—教材 Ⅳ.①H152.3

中国国家版本馆CIP数据核字（2023）第130211号

责任编辑：张文佳　　责任终审：李建华
整体设计：锋尚设计　责任校对：吴大朋　　责任监印：张　可

出版发行：中国轻工业出版社（北京东长安街6号，邮编：100740）
印　　刷：三河市国英印务有限公司
经　　销：各地新华书店
版　　次：2023年8月第2版第1次印刷
开　　本：787×1092　1/16　印张：15.75
字　　数：400千字
书　　号：ISBN 978-7-5184-4483-0　定价：48.00元
邮购电话：010-65241695
发行电话：010-85119835　传真：85113293
网　　址：http://www.chlip.com.cn
Email：club@chlip.com.cn
如发现图书残缺请与我社邮购联系调换
230437J2X201ZBW

第二版前言

党的二十大报告中提出"加大国家通用语言文字推广力度",为贯彻落实这一精神,教育部、国家语委出台了《关于加强高等学校服务国家通用语言文字高质量推广普及的若干意见》,强调学生应具有"一种能力两种意识"(即语言文字应用能力和自觉规范使用国家通用语言文字的意识、自觉传承弘扬中华优秀语言文化的意识),要强化学生口语表达、书面写作、汉字书写、经典诗文和书法赏析能力培养,支持高校开设大学语文、应用文写作、口语表达、经典诵读等语言文化相关课程。全国高校思想政治工作会议中提到"各门课程都要守好一段渠、种好责任田",推进课程思政建设,使各类课程与思想政治理论同向同行,形成协同效应。

《应用文写作项目化实训教程》作为高等院校应用文写作课程的配套教材,第一版出版于2018年,距今已五年。五年的时间,时代发生了天翻地覆的变化,用"日新月异"来形容一点也不为过。信息技术的普及给我们的生活带来巨变,网络时代改变了原有的时间和空间概念,大大缩短了人们之间的距离,让人们相互之间的沟通和交流变得如此快速和神奇!我们的应用文写作,是时候做出改变了。

应用文写作课程是一门"工具性"兼具"人文性"的课程,同样担负着发挥课堂思政育人主渠道的重任。本次教材修订融入了"课程思政"的元素。同时,响应关于党的二十大精神进教材的号召,本次修订也增加了相关内容。

本次修订,坚持本教材原有的指导思想、编写思路和基本格局,因为这已经构成了本教材的特色,也得到了广大师生的首肯。此次修订教材力求继续保留其适应性、项目化、实践性和趣味性四个特点。

"学而思"部分是本教材的一个特色,将学习和思考紧密联系,穿插在各个文种之间,既开阔了学生视野,也提高了学生口语表达、书面写作等各方面的能力。在使用教材的过程中，也得到了广大师生的认可。但是在教学过程中，发现一个不足，此部分缺少可供参考的写作标准。本次修订，提供了"学而思"部分练习题的参考答案，以二维码的形式呈现，供学生学习和老师教学使用，希望能给使用本教材的师生带来便利。另外还提供了本教材的配套课件，以方便老师的教学，课件可以与编者联系索取。

此次修订，在部分文种的最后设置了"思政点滴"的元素，也增加了二十大精神的相关内容。在每个任务前增加"教学目标"栏目，对每个文种要实现的知识目标、能力目标和素质目标做了归纳概括。同时，也对每个文种后面的"任务导入""选文参考"做了较大幅度的调整和修订，修改过时的数据，适度调整局部结构。案例选篇秉承"以服务为宗旨，以就业为导向"的教育理念，贴近学生专业和生活实际，也便于从事教学。总体原则是尽量减少错误，力求精益求精，尽管如此，限于时间和水平，本版教材可能还存在着未发现的问题，欢迎提出宝贵意见。

教材修订过程中，恰逢学院开展校企双元教材合作开发工作，在此要特别感谢青岛日泽织物有限公司提出的基于企业实践的、具体的修改意见和建议。同时编者也参阅、借鉴了大量相关的资料，从学界前辈和当今贤达那里获得了许多启发，难以一一列举，在此谨致以诚挚的谢意！由于编者水平有限，书中缺点和疏漏在所难免，恳请各位专家、读者提出宝贵意见与建议，以便适时再做进一步修订，使之更加完善。编者邮箱：985851493@qq.com。

编者

第一版前言

我国著名教育家叶圣陶先生曾说过:"大学毕业生不一定能写小说诗歌,但是一定要能写工作和学习中实用的文章,而且非写得既通顺又扎实不可。"这里提到的"工作和学习中实用的文章"就是应用文。叶老的话十分中肯,也真实地反映了现实需求。随着信息时代的到来,应用文在人们日常工作、学习和生活中发挥着越来越重要的作用。但是,我们也看到许多名校毕业的成绩优异的大学生却不会写请假条、申请、求职简历等常用的应用文体,这引起了我们深深的忧虑与反思:对于每个人,特别是在校学生和党政机关、企事业单位的人来说,都应该学习、掌握并且熟练运用应用文。重视学生应用文写作技能的培养,不仅可以增强学生的职业能力和就业竞争力,而且可以为学生未来职业生涯和实现职业能力的可持续发展奠定良好的基础。为此,全国各高职院校普遍开设了"应用文写作"这门必修公共职业技能课程,以培养高职院校学生写作兴趣,养成写作习惯,满足社会发展需求。

在过去几年里,编者所在的学院,开展了全面、深入的课程教学改革,课程设计从工作岗位、工作任务出发,强调能力本位,教、学、做一体化。学院鼓励教师将课改的先进理念转化为课堂教学改革行为,调动学生学习的积极性,全面提升课堂教学成效。编者根据学院课程改革要求,通过连续几个学期的探索,逐渐形成了"理实一体、虚实结合"的应用文写作项目化教学模式。所谓课程项目化,是指根据职业能力培养的需求,将课程的教学内容设计成具体的实训项目,根据项目组织实施教学与考核,从而实现人才培养的目标。

本教材试图在应用文写作项目化教学方面做一些探索,从深入分析高职院校学生将来所必备的综合职业能力出发,按照"以素质发展为主旨,以技能训练为主线,以职场情境为导入,以任务完成为载体"的总体设计要求,采用"教、学、做"相结合的教学方法，实现学生在做中学、学中做。

总体而言，本教材在编写方面具有以下四个特点。

1．适用性

教材是为用而编的，学生是为用而学，所以这部教材最突出的特点就是它的适用性。它几乎收罗了学生在学校、日常生活和未来职场中最常用的、最实用的、使用频率最高的应用文种，明显区别于以文种为主、教学内容和教材体系按文种类别横向编目的传统应用文写作教材。本教材在编写时结合专业需要，根据职场变化，重新调整教学内容，在编写体例上按照项目化的模式做了较大改动。写作此书的初衷，就是想给高职院系学生提供一个答疑解惑的指南。一册在手，便于达到急用先学、立竿见影的功效。

2．项目化

本教材编写体系是按照项目化教学模式的要求，将课程的教学内容设计成具体的训练项目。根据学生学习及校园生活实际情境，结合学生未来工作岗位需求，从几百种应用文文种中筛选出机关、企事业单位和个人最常用的、最实用的、使用频率最高的应用文种，将这些文种进行打包，形成一个个项目，然后按照认知规律和活动开展的先后顺序、基本规则，将其分解成若干任务。通过设置不同的项目任务，让学生在完成这些项目任务的过程中，掌握相应文种的写作方法和技巧。

3．实践性

应用文写作课程是一门注重应用的课程，它培养的是一种能力，而这种能力的获得仅靠知识的传授是不够的，它必须通过实践教学的环节，才能使知识转化为能力。因此，实训是课堂知识的检验和补充，同时又是把理论知识转化为写作能力的最有效途径和最终目的。因而本教材在编写过程中，既介绍了文种的有关知识，也详细讲解了文种的写作方法，同时配有"选文参考"，对选用的例文进行点评，避免了只有生硬呆板理论，学生学习兴趣不高，写作无从下手的弊病。另外，在"学而思"模块后附有巩固基础知识的习题，还设计了职场情境下各种应用文体写作和纠错的练习，这就有效地加强了实训环节，避免了教师只讲不练，学生纸上谈兵的弊端。

4．趣味性

应用文写作体现的是实用性，它无法与文学性写作的趣味性相提并论，但是这并不妨碍我们采用一定的方式与方法，来提高它的趣味性。兴趣是成功的先导，从兴趣出发，乐在其中才会有成效。本教材编写包括两个项目，校园招聘会项目创设校园生活情境，产品推介会项目模拟未来职业情境，两个情境的设置大大提高了学生参与的热情；参考选文的选择标准也是实用性与趣味性兼具。将需要掌握的知识渗透于形式多样的模拟情境中，因为贴近学生生活的实际，他们感觉到应用文写作原来距离自己并不遥远，学生学习不再感觉枯燥，克服畏难情绪，那么写作自然就水到渠成。

本教材不是精致的文学创作，也不是高深的学术著作，但是它倾注了编者的真诚与热情，是编者多年来应用文写作课程一线教学成果的结晶，是能解大学生燃眉之急的适用性教材，同时也可以满足各种不同专业应用写作课程的教学需要，也可以作为各行各业领导干部、从业人员学习各类实用文种的参考书。

在教材编写的过程中，编者也参阅、借鉴了大量相关的资料，从学界前辈和当今贤达那里获得了许多启发，难以一一列举，在此谨致以诚挚的谢意！由于编者的水平有限，书中缺点和疏漏在所难免，恳请各位专家、读者提出宝贵意见与建议，以便适时再做进一步修订，使之更加完善。编者邮箱：985851493@qq.com。

编者

目录

01 走进应用文写作

一　什么是应用文写作 002
二　应用文写作与文学写作的比较 004
三　"死板"而不乏"灵活"的应用文写作 006
四　常用的应用文专门用语 009

02 项目一　参加求职招聘会

任务1　口说无凭，立字为据——条据 014
任务2　跟着葛优来征婚——启事 026
任务3　简自我风采，历职场未来——求职简历 037
任务4　走过路过不要错过——海报 050
任务5　高效沟通，低碳环保——电子邮件 055
任务6　言之有理，成一家之言——毕业论文 064
任务7　人无我有，人有我优——竞聘辞 072
任务8　没有调查就没有发言权——调查报告 080
任务9　小心陷阱！——合同 090

03 项目二 举办产品推介会

- 任务1　有了新标准啦！——党政机关公文格式 ………… 108
- 任务2　下级向上级请求指示、批准——请示 ……………… 129
- 任务3　答复下级机关的请示事项——批复 ………………… 139
- 任务4　凡事预则立，不预则废——计划 …………………… 145
- 任务5　创意的大放异彩！——策划书 ……………………… 153
- 任务6　最常用的平行文——函 ……………………………… 161
- 任务7　成功的助推器——广告 ……………………………… 170
- 任务8　诚挚地邀请您——请柬、邀请函 …………………… 179
- 任务9　公文写作中的"老黄牛"——通知 ………………… 194
- 任务10　表彰先进，批评错误——通报 …………………… 204
- 任务11　我的态度，我的立场——声明 …………………… 212
- 任务12　家事国事天下事事事关心——消息 ……………… 218
- 任务13　回顾过去，展望未来——总结 …………………… 229

参考文献 ………………………………………………………… 240

01 走进应用文写作

情境导入

弹指一挥间，高考已走远。莘莘学子又将关注的目光放到了录取通知书上。近几年，小小的录取通知书也发生了日新月异的变化。陕西师范大学的"手写录取通知书"一不留神成了"网红"；北京语言大学金色的录取通知书仿明清科举放榜字体，有国子监建筑图像，并印有招生吉祥物宝贝鱼，寓意鲤鱼跳龙门；北京理工大学通知书富含"互联网+"新媒体基因，有学校迎新网的二维码，新生只需扫一扫，就可以获取入学须知、军训安排、校园指南、学校校史等所有信息……其他各高校也是各显身手。制作个性化的录取通知书引起社会各界热议。

李某借周某100000元，向周某出具借条一份。一年后李某归还5000元，遂要求周某把原借条撕毁，其重新为周某出具借条一份："李某借周某现金100000元，现还欠款5000元。"这里的"还"字既可以理解为"归还"，又可以解释为"尚欠"。根据民事诉讼法相关规定"谁主张，谁举证"，周某不能举出其他证据证实李某仍欠其95000元，因而其权益得不到保护。只因一个字导致损失惨重。

买车交了5000元的定金，只因合同上的这一个字，车主获赔10000元。定金？订金？这两者是有差异的，能不能赔偿也要看字写得对不对。定金是指合同当事人一方以保证债务履行为目的，于合同成立时或未履行前，预先给付对方的一定数额的金钱的担保方式。给付定金的一方不履行债务的，无权要求返还定金；接受定金的一方不履行债务的，应当双倍返还定金。关于订金，根据我国现行法律的有关规定，其不具有定金的性质，交付订金的一方主张定金权利的，人民法院不予支持。一般情况下，交付订金的视作交付预付款。一个字也是疏忽不得啊！

以上诸多案例，都不约而同地凸显了我们今天将要学习的一门课程——应用文写作。

一 什么是应用文写作

在我国，应用文写作是一门既古老又年轻的学科。随着社会发展，人们的生活方式也发生了巨大的变化，社会交际、交往越来越频繁，更加需要人们具有书面表达能力，应用文写作契合了这种需要，越来越为人们所重视。因此我们要认真学习应用文写作知识。

应用文离我们并不遥远，它渗透在我们生活的方方面面。从小学时学写日记、条据、书信、通知等；到中学时学写申请书、倡议书、海报、启事等；再到大学时了解到的新闻稿、调查报告、论文等；现在我们普遍关注的微信朋友圈、公众号文章、电子邮件等……随时随地我们都在接触应用文，使用它，了解它，掌握它。信息化高速发展的现代社会，人们已经离不开应用文了。

应用文是国家机关、企事业单位、社会团体以及人民群众在日常工作、学习、科研和生活中办理公私事务时，形成并使用的具有直接实用价值和惯用格式的文章的总称，是一种重要的书面交际工具。应用文写作是机关或个体应用于日常工作和生活需要的一种写作活动，应用文是应用写作的成果。

根据这一定义，可以看出应用文具备以下特点。

（一）内容的实用性

所谓实用性就是解决实际问题。"实用"体现出一定的功利性、适用性。应用文是为了用而写，只有用才写。目的性是应用文的第一要义。应用文写作的目的不是为了审美，而是为了应用，为了解决实际问题，满足客观实际需要，讲究现实目的和实际效用。如上级机关的指示、决定等公文，都是为贯彻传达有关的方针政策，指导工作而发，而下级机关要通过贯彻执行这些文件，解决本地区、本部门的实际问题；计划、总结、报告、请示等也是为了解决实际问题，搞好实际工作而撰写。

（二）程式的规范性

在长期的应用文写作实践中，应用文体大多形成比较固定的惯用格式和语体风格，体现出文本特有的规范性。有的由国家规定，统一贯彻；有的是约定俗成，共同遵守。如党政机关的公文要按照有关规定执行；行业文书要按照有关的行业规定执行；事务文书、日常应用文书也都按约定俗成的规定执行。但无论何种规范程式，目的都是为了使用方便，提高工作效率。

程式规范性主要针对应用文的格式和处理而言。就文章格式而言，规范性主要包括：文种规范、格式规范、行文规范、语言规范。就文章处理而言，应用文与文学创作不同。作家对于文学创作的拟稿、修改、发表是自由的，没有固定的程式；而应用文则不同，往往要按照一定的程序进行，如行政公文的拟稿、核稿、签发等程序都有严格的规定；专业文书中的法律文书，它的起草和交办，也都有严格的程序。

应用文讲究的是规范，代表的是威严和信誉，而格式是应用文规范性最强的体现。如果格式不对，其他一切几乎无从谈起。不同的文种有不同的格式。通知不等于公函，合同不等于章程，起诉书不等于裁决书。我们必须了解这些格式，以免影响应用文的特定交际功能。

（三）主体的确定性

主体，包括作者与读者两方面。应用文作者的身份、角色、撰写目的明确，读者对象明确，交际对象、交际领域也较明确，并形成一定的关系，指向性明确。例如，一般的书刊文章谁都可以看，并无定向表述，而公文除公报、公告等之外，大都有制发对象。对象不同，内容、语气也不同。公文的上行、下行、平行均体现了作者与读者之间特定的关系；非普发性公文对象明确，普发性公文也有一定的对象与范围。

（四）行文的时效性

应用文的实用性决定了其时效性。应用文针对实际生活中急需解决的实际问题而写，问题不是摆在面前亟待解决，就是不久即将出现，必须未雨绸缪，讲究时效。

首先，内容讲究时效。撰写时，要针对现实中急需解决的问题，随时捕捉信息，随时反馈各种意见，迅速领会有关方针政策的精神及领导的意图。甚至在某些问题出现蛛丝马迹的预兆时就做出预测，给有关部门及领导提供及时的借鉴和参考，以便顺利地开展工作。

其次，办文要讲究时效。应用文在传递、阅读、办理的整个过程中都要讲究时效。发文、收文、处理都必须及时。随着生活节奏的加快，机关团体、企事业单位的工作效率也必然加快，而为之服务的应用文必然要求迅捷、高效。拖拖拉拉，不及时发文，或时过境迁，再放马后炮，都将失去其使用价值。

（五）语言的平实性

由于应用文注重实用，所以它的语言具有平实性的特点。平实性体现在准确、简朴、规范、庄重等几个方面。准确就是能够恰如其分地说明情况、表达思想；简朴，就是简洁朴实、实事实说，不冗长繁杂，不浮华藻饰；规范，主要是简明、得体、讲究分寸；庄重，就是严谨、郑重，这是发文单位办理公务的严正立场、严肃态度的体现，也是应用文强烈的权威性或行政约束力的要求。撰写应用文时，根据这些特点，选词造句，组段成篇，才能够使应用文的语言更好地为表达内容服务。

应用文是社会生活中处理公私事务不可缺少的工具，正是为了适应社会的需要，应用文写作教学也引起了教学部门的重视。教育由培养精英人才逐步向培养社会需要的实用型的大众人才过渡，这是社会经济发展的必然趋势。

二 应用文写作与文学写作的比较

经过了多年的语文学习，你会发现应用文写作和语文学习中的文学写作还是有所不同的。近代诗人刘半农在《应用文之教授》一文中，把应用文和文学写作做了一个生动的对比："应用文是青菜黄米的家常便饭，文学文是肥鱼大肉；应用文是'无事三十里'的随便走走，文学文是运动场上出风头的一英里赛跑。"可见，应用文写作和文学写作是两种截然不同的重要写作形式。应用文写作是以适合社会实用性为目的的写作实践活动，具有实用性、规范性和简明性的特点。而文学写作以塑造文学形象为目的，是一种具有形象性、审美性和创造性的写作实践活动。它们的区别主要体现在以下几个方面。

（一）写作的目的不同

实用性是应用文最基本的特性，是应用文区别于文学作品的本质属性，应用文的其他特性都是由这一特点派生出来的。应用文主要以办理具体事务、解决工作中的实际问题为目的，可以这样说，目的性是应用文的第一要义；文学写作以塑造艺术形象，反映社会生活为宗旨。文学写作的目的是为了欣赏，而非实用。如果说记叙文是"以事感人"，议论文是"以理服人"，那么，应用文则是"以实告人"。

（二）主题的显露不同

文学作品允许而且往往追求主题的含蓄性、多义性、模糊性。"作者的见解越隐蔽，对艺术作品就越好。"（恩格斯《致玛·哈克奈斯》）允许"作者未必然，而读者未必不然"。而应用文则强调主旨明确，不求含蓄，禁忌模糊。

一般来说，应用文要求一文一事，其主题是单一的。所谓单一，就是要集中笔墨，讲一件事情、一个问题或一个中心，不能枝节过多。就是较长的文件，也要求只有一个主旨，这样可以重点突出，行文关系不混乱，提高工作效率，有利于问题的解决。比如启事、请示等文种都要求"一文一事"。而文学作品的主题就是通过文学作品的各个要素表现出来的作家的观点、倾向、思想和情感，是一个包含各种要素的有机整体。其主题常常是多元性的，不同的读者能够从不同的角度，以不同的思想方法认识到种种具有个体差异性的主题，所谓"有一千个读者就有一千个哈姆雷特"，说的就是这个道理。

（三）取材的真实性不同

应用文写作的取材十分严谨，主要是现实的、与本部门有关的材料，完全排斥虚构和杜撰。应用文写作中所涉及的人与事一定要确有其人、其事，情节、细节、数字都不能虚构。所依据的材料必须真实、准确、实事求是，绝不能有半点虚假。真实性是应用文写作的生命；文学作品的材料也要求真实，但强调的是艺术真实，而不是生活真实，是社会生活中有的、应该有的，但不一定实有其人，实有其事，允许在生活的基础上进行一定的艺术虚构，"源于生活却又高于生活"。比如鲁迅作品中塑造的阿Q形象，他并不是一个人的阿Q，也不只是某一个群体的阿Q，而是一个真正意义上的"社会的阿Q"，这也是鲁迅写作伟大的地方。

（四）思维方式和结构方式的不同

应用文写作逻辑性强，结构严谨，写作比较枯燥，侧重于逻辑思维。应用文体一般都有特定的读者对象，其语言要讲究得体。比如给上级的公文用词要谦恭诚挚，给下级的公文用词要肯定平和；文学写作个性张扬，形式灵活，写法多样，侧重于形象思维。应用文写作的程式化特点比较明显，一般有惯用的格式且具有一定的稳定性；文学写作"文无定法"，鼓励创造性，讲究"文似看山不喜平"，追求形式新颖，注重风格的灵活多样，除了旧体诗词以外，一般没有惯用的固定格式。

（五）语言风格的不同

应用文重在应用，以平实为本，目的是在最短的时间内，最有效地把最需要表达的意思表达清楚。所以，应用文的语言讲究准确规范，简洁精练，不产生歧义，要用最精练的语言表达文章的内容，做到"文约而事明"，对比喻、拟人、借代、夸张、衬托等修辞方法的使用有一定的限制；而文学写作则崇尚文学笔法，注重语义的丰富性，需要用多种多样的表现方法，语言讲求灵活生动、含蓄新颖，以达到特定的艺术目的。

应用文的语言要求准确简练，在选词上极其严谨，历经实践，约定俗成，形成了鲜明的语体特征，使其语言极具特点。要正确区分应用文与文学作品，为正确书写应用文打好基础。

三 "死板"而不乏"灵活"的应用文写作

应用文是以办理具体事务、解决工作中的实际问题为目的，可以这样说，目的性是应用文的第一要义，因此，判断应用文写作优劣的标准不是字数的多少，而是看是否解决了实际问题，以此为标准修改以下文章：

好消息

我动物园定于每天下午喂鳄鱼，欢迎带孩子来！

修改稿：

好消息

尊敬的游客：（读者的指定性）

动物园自×月×日至×月×日止，于每天下午1:30—2:30（强烈的时效性）投喂鳄鱼，欢迎各位家长带孩子前来免费观赏。请照看好您的孩子，注意安全。（信息的周全性）

××动物园
×年×月×日

通　知

因为最近中午食堂吃饭的人太多了，老师下课去食堂已经没饭了，因此规定先卖老师，老师卖完再卖学生。

××食堂
×年×月×日

看了这样的通知，你一定会哄堂大笑吧！应用文写作的语言不宜口语化，因此我们可以做如下修改：

修改稿：

关于调整食堂就餐时间的通知

各系部：

因最近食堂中午就餐的人数过多，造成就餐秩序混乱。为了保障广大师生都有较好的就餐环境，自×月×日始中午就餐时间做如下调整：

教工就餐时间：11：20—11：40；

学生就餐时间：11：40—12：20。

特此通知，不便之处敬请谅解。

××食堂
×年×月×日

是不是感觉应用文写作距离我们并不遥远，还是很有趣的吧？如何进行行之有效的应用文写作的学习呢？

（一）以理论为指导

首先，应用文的特点决定了作者必须尽可能地了解、熟悉自己所从事领域的各种方针政策、法律法规，这样才能保证写作的时候有正确的立场和观点，才能有利于问题的分析、解决，同时防止出现偏差和错误，以免带来损失和伤害。

其次，理论和实践是相辅相成的，应用文写作的理论，对应用文写作的实践有直接的、具体的指导作用。只有搞清楚应用文写作的理论，才能正确认识各类应用文的特点和写作要求，掌握各类文种不同的写作技巧，才能写出规范的应用文。以应用文写作理论为指导，无疑会给我们的写作实践提供很多有益的帮助。

（二）以例文为借鉴

应用文的格式是在长期的写作实践中形成的，为大家所接受，约定俗成。这种模式化和程式化是适应应用文实用性的要求而形成的，简洁明了，有利于受众了解应用文的主要意图，不至于产生理解上的歧义，便于公务的处理，在现实生活中有着重要的意义。

根据应用文写作的这一特点，应用文写作人员学习和掌握各个文种的不同写作技巧和方法，能够更快地掌握应用文写作规律，提高公务处理的效率。"照猫画虎"，进行仿写与模写是提高应用文写作能力的一条捷径。

应用文写作的学习需要经历简单模仿、逐渐熟悉、运用自如三个阶段，尤其在各类文种的写作训练中。因此写作过程不要急于求成，首先，可大量阅读经典的例文范文、模仿典范的格式；其次，熟悉各类应用文格式，领悟各类文种的写作思路；再次，反复练习，不断提高，最终就能达到写作的运用自如。

（三）以实训为路径

应用文写作有一个突出的特点，就是它的程式化程度很高。各类应用文都有其基本的惯用格式和写作要求，要写出规范、实用的文章，需要熟练掌握应用文写作的一般规律，熟练把握不同文种的写作特点，练就扎实的基本功，达到熟能生巧，驾驭自如的目的。

将应用文写作知识转化为写作能力，主要依靠有目的、有计划的写作训练。尽管写作能力是各种知识的综合性体现，但有重点地针对各文种的特点和写作要求进行实训，对于掌握其基本写作方法仍是非常有效的，所谓"天道酬勤""功到自然成"。因此，坚持不懈，不断加强学习，不断扩大知识面，勤于练习，熟练掌握，是应用文写作入门的坚实路径。

写作水平的稳步提高，没有捷径可走，作为初学者必须重视实训。这也是提高应用文写作水平的不二法门。学好应用文写作不是一朝一夕的事，俗话说"功夫在诗外"，这就告诉我们要学好应用文写作，除了在课堂、在学校多练笔学习外，还要走出课堂，多与相关专业的行家交往，多一起参加一些社会、经济、文化活动，以此提高自己的实际应用能力。

其实，应用文写作也是一个人的能力表现，这种能力不仅表现在写作能力上，更是一个人观念、道德、情感、见解的综合体现，也是一个人政策水平和综合能力的重要体现。所以，学好应用文写作，这无论是在日常生活或是在平时工作中都是很重要的。

总之，应用文写作是一个循序渐进的过程，写作能力的培养和提高不是一蹴而就的。学好应用文写作要坚持不懈，把应用文写作与生活联系起来，努力提高实际应用能力。比起写作一般文体的文章，应用文写作更需要行文者具备广博的知识，有较高的政治理论和政策水平，还要有较好的写作基础和逻辑思维能力，不仅要有较丰富的工作经验和业务知识，还要有较强的学习能力和扎实的工作态度。否则，很难写出实用、高效的优秀文章来。

四 常用的应用文专门用语

应用文的语言要求准确简练，在选词上极其严谨，要求推敲，历经实践，约定俗成，形成了鲜明的语体特征，使其语言极具特点。下面是一些常用的应用文专门用语。

（一）称谓用语

即表示称谓关系的词。

第一人称："本""我""敝"，后面加上所代表的单位简称。

第二人称："贵""你"，后面加上所代表的单位简称。

第三人称："该"，在应用文中使用广泛，可用于指代人、单位或事物。

（二）引叙用语

是用以引出应用文撰写的根据、理由或应用文的具体内容的词。

常用的有：根据、按照、为了、遵照、前接、近接、现接、悉、敬悉、收悉、惊悉、欣悉等。

（三）经办用语

是用以说明公务处理情况或要求的词。

如：经、业经、均经、即经、现将、已经、兹经、办理、试行、执行、贯彻执行、研究执行、参照执行、切实执行等。

（四）承启用语

又称过渡用语，即承接上文转入下文时使用的关联、过渡词语。

常用的有：为此、据此、故此、鉴此、综上所述、总而言之、总之等。

（五）祈请用语

又称期请词、请示词，用于向受文者表示请求与希望。

主要有：希、即希、敬希、请、望、敬请、烦请、恳请、希望等。

（六）商洽用语

又称征询用语，表示征请、询问对有关事项的意见和态度的用语。

如当否、妥否、可否、是否妥当、是否同意、如无不当、如果可行等。

（七）谦敬用语

即向对方表示感谢时使用的词语。

如：谨请、恭请；蒙、承蒙；惠、惠允、惠寄、惠赠等。

（八）命令用语

即表示命令或告诫语气的词语，以引起受文者的高度注意。

表示命令语气的词语有：着、着令、特命、责成、令其、着即等。

表示告诫语气的词语有：切切、毋违、切实执行、不得有误、严格办理等。

(九)目的用语

即直接交待行文目的的词语,以便受文者正确理解并加速办理。

用于上行文、平行文的目的词,还须加上祈请词,如:请批复、函复、批示、告知、批转、转发等。

用于下行文,如:查照办理、遵照办理、参照执行等。

用于知照性的文件,如:周知、知照、备案、审阅等。

(十)表态用语

即针对对方的请示、问函,表示明确意见时使用的词语。

如:应、应当、应该、同意、不同意、照办、可办、不可、可行、不可行、准予备案、特此批准、请即试行、按照执行、迅即办理、原则同意、原则批准等。

(十一)结尾用语

即置于正文最后,表示正文结束的词语。

用以结束上文的词语。如:此布、特此报告、特此通知、通知、批复、函复、函告、特予公布、此致、谨此、此令、此复、特此等。

再次明确行文的具体目的与要求。如:为要、为盼、是荷、为荷等。

表示敬意、谢意、希望。如:敬礼、致以谢意、谨致、谢忱等。

上面所列常见的专用语,或在结构上引起开端,导向过渡,收束煞尾;或在语义上表示郑重、强调;或在意向上提出请示,表示盼望。要运用恰当,认真熟悉用法,并根据行文实际情况灵活处理。

思政点滴

学校是语言文字工作的基础阵地,高等学校在其中发挥着重要作用。长期以来特别是党的十八大以来,高等学校语言文字工作取得了长足进展,但也存在着从更高站位推广普及国家通用语言文字发挥作用不够充分,大学生语言文字应用能力不足,语言文字科学研究不能完全适应社会语言生活新发展,学校语言文字工作体制机制不够健全等问题。为贯彻落实党的二十大精神,深入贯彻《国务院办公厅关于全面加强新时代语言文字工作的意见》,进一步加强高等学校语言文字工作,充分发挥高等学校在服务国家通用语言文字高质量推广普及中的作用,现提出如下意见。

一、总体要求

以习近平新时代中国特色社会主义思想为指导,深入贯彻落实党的二十大精神,全面落实习近平总书记关于教育的重要论述和关于语言文化的重要指示批示精神，立足服务铸牢中华民族共同体意识，坚持服务国家发展大局和人民群众需求、坚持立德树人根本任务、坚持特色示范引领、坚持数字化赋能和创新驱动，聚焦高质量推广普及国家通用语言文字，将语言文字工作与高校人才培养、科学研究、社会服务、文化传承创新和国际交流合作等有机融合，更好服务教育和语言文字事业高质量发展，为教育强国和文化强国建设贡献力量。

二、全面加强国家通用语言文字教育教学

（一）提高大学生语言文字应用能力。学生应具有"一种能力两种意识"（即语言文字应用能力和自觉规范使用国家通用语言文字的意识、自觉传承弘扬中华优秀语言文化的意识），高校要将其纳入学校人才培养方案，明确语言文字应用能力及标准并纳入毕业要求。强化学生口语表达、书面写作、汉字书写、经典诗文和书法赏析能力培养，促进语言文字规范使用。支持高校开设大学语文、应用文写作、口语表达、经典诵读等语言文化相关课程。加强语言政策和语言国情教育。强化语言文明教育，引导学生养成良好语言习惯，自觉抵制庸俗暴戾语言。加大普通话培训测试力度，为毕业生就业从事相关职业达到国家规定的普通话水平提供支持。

……

——《教育部、国家语委关于加强高等学校服务国家通用语言文字高质量推广普及的若干意见》（教语用〔2022〕2号）

02 项目一
参加求职招聘会

任务1

口说无凭，立字为据
——条据

教学目标

知识目标
1. 掌握条据的概念，了解条据的特点和种类
2. 掌握请假条、借条等条据的写作方法和技巧

能力目标
1. 能够写作符合规范的请假条、借条等
2. 能够形成辩证看待问题的能力
3. 能够形成良好的团队合作能力

素质目标
1. 使学生养成立足当下、面向未来的职业前瞻性
2. 使学生通过规范化的写作树立规范意识、规则意识
3. 培养学生团结协作、敢于担责、爱岗敬业的职业道德
4. 培养学生诚实守信、不断进取向上的积极人生观

任务导入

陈小刚是××大学大四的学生，即将毕业，目前他在××商贸有限公司实习，担任财务部经理助理。2023年3月16日（星期四）早8:30，他准时到公司上班。先到行政部领取了10本18栏明细账本和2个印台，然后回到财务部接收了下属营业部的年度财务报表，这时他接到妈妈的电话：爸爸突然中风入院了，妈妈让他拿钱去医院帮忙办理入院手续。于是，陈小刚把去××审计师事务所领取审计报告的事委托给同事李乌有。然后经公司领导同意向公司出纳借了8000元钱，并写了请假条给财务部赵子虚经理。之后，他到银行取出了自己仅有的2000元存款就直奔省人民医院。到了医院才得知办理住院手续要交押金20000元钱，于是他想到了表哥，但电话一直联系不上表哥，于是陈小刚赶到离医院不远的表哥家，却发现表哥外出了。他只好匆匆地写下一张请表哥帮忙

筹钱的纸条后又回到医院。陈小刚在城里没有什么亲戚，表哥也没回信，他急出了一身汗。这时他突然想起该医院主管财务的陈副院长和他曾经一起开过一次研讨会，而且与他是同乡。于是，在陈副院长的帮助下，陈小刚终于为父亲办理好了入院手续，不足的那10000元钱则由陈副院长担保，由陈小刚和医院签下字据。

请根据以上情况，列出陈小刚需要写作的条据，并作分类。任选其中三个条据进行写作。

知识百宝箱

一 文种介绍

条据是人们在日常工作、学习、生活中，彼此之间为处理财物或事务往来，写给对方的作为某种凭证或有所说明的字条。条据的"条"指便条，"据"指单据，由此把条据分为两大类：

说明性条据（便条）：请假条、留言条、托事条。

凭证性条据（单据）：借条（据）、欠条、收条（据）、领条。

二 文种写作技巧和方法

（一）请假条

因事、因病不能到校上课、不能到单位上班或不能参加某次活动，就需要写请假条。请假条由标题、称呼、正文和落款四部分组成。

1. 标题

写请假条，居中，不要加书名号。

2. 称呼

请假条的称呼是单位领导、任课老师或者活动的负责人，另起一行，顶格写称呼，称呼后面加冒号，不能用逗号。

3. 正文

请假条的正文要写清楚请假的理由、请假的具体时间以及恳请语与致敬语。请假的理由越充分，得到批准的可能性就越大，因此需要就请假的理由作充分的阐释。请假的时间要明确、具体。恳请语和致敬语一般是惯用的套语。

4．落款

写清楚请假人的姓名和请假的时间。

选文参考

【选文1】

请假条

王老师：

  昨天，放学回家途中突逢暴雨，因未携带雨具而被雨水淋湿，患了感冒并咳嗽，医生建议在家休息，因此需请假两天，恳请您的批准。

  此致

敬礼

2022级财会金融三班学生××
2022年5月5日

> **简评** 选文是一篇请假条。因为生病而请假，理由充分，也可以在正文后面附上医生的诊断证明，以证明所言不虚。请假时间具体明确，这是一篇比较规范的请假条。

【选文2】

请假条

宋经理：

  张琳的孩子生病了，需带孩子去医院看病，特请假一天，恳请您的批准。

  此致

敬礼

张琳
2023年6月5日

简评 该选文存在两处错误。从落款处可以得知，请假人就是张琳，因此，正文表述应该为"我的孩子生病了"，写作时要注意及时进行角色的转换；第二处错误在请假的时间上，不明确不具体，可以是6月5日，也可以是6月6日，因此需要在请假时间前加上一句话"今天不能到单位上班"，那么，请假的时间就明确具体到6月5日了。

【选文3】

钟老师：

　　我想请假，本来我是不想的，但是我今天又不得不请，实在没有办法，确实不能到校上学，请老师多多体谅。不能上你的课，我也觉得很遗憾呢！特向你请假，请你批准。

　　祝：

　　工作顺利、生活愉快

学生：××
即日

 简评　该选文存在多处错误，你能一一指出这些错误吗？

选文3
参考答案

（二）留言条、托事条

因各种原因不能见到对方，可将要交代的事情写成便条，留给对方或托人转交，这样的便条就是留言条。留言条由标题、称呼、正文和落款四部分组成。

1. 标题

留言条可写标题，也可以省略标题。

2. 称呼

一般来说，平时怎么称呼就怎么写，这里的称呼可以用绰号、昵称或者专称。写称呼的时候要在标题下方空一行回行顶格写，后加冒号。

如果写给对方的留言条是泛指，则可以不必在首行写出称呼。

3. 正文

留言条的正文只需要写清楚要交代的事情。因为留言条是指因各种原因不能见到对方，可将要交代的事情写成便条，留给对方或托人转交。因此正文不需要解释原因，只需要交代清自己的意图和要求即可。通常不必在文末写致敬语。

4. 落款

落款的写作方法与请假条相同。写留言人的姓名和写条时间。留言条的落款日期是可以省略年的。一方面是因为留言条具有即时性，对方可以第一时间看到，一般不跨年度；另一方面，留言条没有收藏价值，通常是看完之后即可销毁。

托事条的写作方法等同于留言条。严格意义上讲，托事条也是留言条的一种。

选文参考

【选文1】

小王：

  我去银行办点事，大约下午三点赶回去，请前来办事的同志稍候。中午不用等我一起吃饭了。

宋士廉
5月15日

简评　留言条的适用范围提示我们，在写留言条的时候，是不必交代留言的原因的。看到留言条，就意味着之前各种联系方式都联系不上了，因此正文只写交代的事情。选文省略了标题。留言条没有收藏的价值，看过之后就可以销毁了。

【选文2】

托事条

乌有兄：

  由于我爸爸突然中风入院，家里急等我送钱过去办理住院手续，所以麻烦你今天去××审计师事务所，帮忙把审计报告拿回来。谢谢！

陈小刚
2023年3月16日

简评 托事条是有事情需要委托别人帮忙去做，所以正文部分需要交代一下自己不能亲自去做的理由，然后写明要交代的事情，最后表达一下感谢之情。落款时间也可以只写月日。这点跟留言条相同。

（三）借条

借条是向单位或私人借钱或者物品之后写给对方的凭证。

说明类条据是告知对方某个信息，向对方说明某件事情。这类条据只起说明告知的作用，不具法律效力。凭证性条据可以作为证据、凭证，具有法律效力。因此凭证性条据的写作比说明性条据的写作要求更严格。

借条由标题、正文和落款三部分组成。

1. 标题

借条的标题可以写借条，也可以写借据。

2. 正文

借条的正文由"今借到"领起，后面必须写明下列内容：

（1）被借方（也称出借方、借出者）。

（2）所借钱物的名称和数量。

（3）钱物借与还的具体时限。

正文由"今借到"引领，上面的三个要素缺一不可。

如果预借的是单位的钱物，借条应当写明用途。

另外，一般会在正文结束加"此据"二字。"此据"二字，在正文后同一行隔开几个字写，也可另起一行空两格写，独立成段。

3. 落款

落款处写明借款（物）人，立据人，如果是单位的名义借，要在单位署名之后标明"经手人"字样，其后盖章。最好能够提供经手人的联系方式。日期要写明具体的年月日。

"借到"不能写为"借了"。如果把"今借到甲××款物"写成"今乙借了甲××款物"，就会产生歧义。"借到"是规范写法，很清楚地表明了甲是出借者，而后一种写法则说不清是"甲借给了乙"还是"乙借给了甲"，因为"借"字可以表示借出，也可以表示借入。由此也说明，写任何单据时都要避免使用有歧义的词。

被借方不能省略。如果省略，写成"今借到××款物……"，那么一旦借条丢失，任何持有这张借条的人都可以向这张借条的出具者索要这笔款物。

选文参考

【选文1】

------- 借　条 -------

今借到75寸康佳彩电一台，手机一部，一周后归还。

借物人：××

23.5.1

> 简评　选文存在五处错误，你能指出该借条写作过程中存在的五处错误吗？

选文1
参考答案

【选文2】

------- 借　条 -------

今借到李乌有（身份证号码：×××××××××××××××××××）现金人民币陆拾肆万圆整（640000元），年利8%，2024年9月14日本息一并归还。

此据。

陈子虚

2023年3月29日

> 简评　该选文可作为借条的范本。小小的借条，要注意以下事项：一是标题不能错用为收条；二是被借方要写全名；三是防止重名，最好加上身份证号码，因为身份证号码是唯一的；四是标明币种；五是防止别人涂改，所借钱物的数量要用大写数字；六是防止别人添加，钱款或者物品数量后加"整"字；七是大额款项的借条，要写明利息，标明不清或者不写的，视为不支付利息；八是要写明具体的归还时限；九是落款处用右手食指来按印画押；十是写清楚具体的写条日期。规避了借条写作中的陷阱，才不会给不法分子以可乘之机。

（四）欠条

欠条，是个人或单位在欠款、欠物时写给有关单位或个人的凭证性应用文，也叫

"白条"。

欠条通常适用于下列几种情况：借了单位或个人的钱物，到时不能归还或不能全部归还时，用欠条；购买物品时，不能支付或不能全部支付钱额时，用欠条；借了单位或个人的钱物，当时没有写借据，事后补写时用欠条。

欠条的写法与借条基本相同。欠条产生的原因多种多样，因此无法套用某种固定格式来写。但是，欠条的正文一般都应包含以下基本事项：债权人，即被欠款（物）者；欠款（物）缘由，即欠款物产生的原因；欠款（物）数量；偿清时限。

欠条是人们在日常交往中的一种借还凭证，一般不具有法律约束力，因此必要时可在立欠条时经由一定的法律程序，以防后患。

选文参考

【选文1】

欠　条

原借杜小强同志现金人民币叁佰捌拾元整，已还壹佰元整，尚欠贰佰捌拾元整，两月内如数还清。

张英
2023年5月1日

简评 欠条与借条一样，都涉及归还时间的问题，所以都需要在正文部分写明具体的归还时限。需要注意的是，借条和欠条的法律关系不同：借条代表的是一种借款合同关系，借款人向出借人借款，出借人借出借款，双方之间即形成了借款合同关系；而欠条是对以往双方经济往来的一种结算，表明自欠条形成之时起双方之间形成了一种新的纯粹的债权、债务关系。借条与欠条作为法律证据时，最大的不同在于诉讼时效，如下表所示。

区别		借条	欠条
未注明还款期限	主张权利时效	出具之日起20年内	出具之日起2年内
	诉讼时效	主张权利之日起2年；再次主张权利，诉讼时效中断	
注明还款期限	诉讼时效	注明的还款期限之日起2年；再次主张权利，诉讼时效中断	

（五）收条

收条是指收到对方钱或物后写给对方的凭证。此处是指便条式收据，不同于商场、超市开具的二联或者三联式表格收据。

收据由标题、正文和落款三个部分组成。

1. 标题

收条的标题可以写收条，也可以写收据。

2. 正文

正文由"今收到"引领，后面要加以下内容：

（1）交付者（个人或单位）的个人姓名或单位名称。

（2）钱物名称和数量。

如果替人代收钱物，代收人写的收条应该在第一行写有"代收到"。

文末加"此据"二字。

3. 落款

落款处写明收款（物）人，立据人。日期要写明具体的年月日。

注意，如果收到对方归还的钱物，是不必写收条的，只需把借方原来的借条归还或当场销毁，以示钱物还清。

借条和收条是有很大不同的，虽然它们都表示出具者收取了款物，但收条只能证明款物流转的结果，却不能证明钱款的流转性质，不能证明其中的借贷关系。

比如，张某找李某借了钱，出具了这样一张单据："今收到李某现金人民币伍万元整……"这其实是一张收条，而不是借条。日后李某找张某还钱，张某可以辩称确实收到了这些钱，但是这些钱不是向李某借的，而是李某先前欠的；他收取的是李某还他的钱，而不是他向李某借的钱。这样的话，李某这笔钱还怎么要得回来呢？

选文参考

【选文1】

收　条

今收到2022级国际贸易实务二班交来电影票款壹佰贰拾元整。

此据。

××大学政教处（盖章）
2022年11月18日

> **简评** 收条是收到对方钱或物后写给对方的凭证，是不需要归还的，因此正文部分不需要写明归还的具体时限，行文更加简洁。

注意事项

一、条据虽然小，也属于应用文。

二、条据应用蓝黑钢笔或毛笔书写，一般不能用红色笔写，更不能用铅笔写。重要内容有所改动，应加盖印章。凭证性条据的数字如果写错，更正后，应该在更正处加盖印章。

三、凭证性条据落款处日期必须准确写明何年何月何日，阿拉伯数字写日期即可。

四、为了防止涂改，钱物数量要用大写。零、壹、贰、叁、肆、伍、陆、柒、捌、玖、拾、佰、仟、万、亿；圆（元）、角、分。同时为了防止别人添加，大写数字后面要加"整"字。

学而思

一、完成"任务导入"部分的写作内容。

二、广告公司小王的朋友参加智力竞赛，获得新马泰双人七日游大奖，她邀请小王和她同去。小王据此向公司老总请假。请代小王拟写一份请假条。

三、古典文学专业一学生写给老师的请假条，试分析之。

学而思
参考答案

请假条

敬爱的老师：

　　昨夜雨急风骤，风云异色，天气突变。因吾尚在梦中，猝不及防，不幸受凉！鸡鸣之时，吾方发现。不想为时已晚矣！病毒入肌体，吾痛苦万分！亦悔昨夜临睡之际，不听室友之劝，多加棉被一条，以致此晨之窘境。吾痛，吾悔！无他，惟恸哭尔！室友无不为之动容！

本想学业之成就为吾一生之追求！又怎可为逃避病痛而荒辍学业乎！遂释然而往校。但行至半途，冷风迎面吹，痛楚再袭人。吾泪涕俱下。已到生不如死之境。哪得力气再往之。不得已，而借友人之臂，返之！

由此上述，为吾未到校之缘由。吾师应懂，吾未到校。乃吾迫不得已之。非不为也，而不能也。吾亦懂，吾未到校，吾师失一佳徒之痛苦。无吾，汝课索然无味哉！汝苦，吾亦苦！！但，病痛不饶人，敬请谅之！如有幸再见吾师之面，再听吾师之课，吾宁当负荆请罪，自辱其身！

呜呼哀哉！哀哉痛矣！

四、2022级报关与国际货运二班要在下个月举行多米诺骨牌大赛，因此需要向学院基础教学部借多米诺骨牌7800片，使用两周，张晓莉作为班长，前往办理此事。基础教学部教学秘书周××老师让她出示借条一份。请代张晓莉同学撰写这张借条。

五、秦根生本周六下午2点要到南京上课，他托小潘代订一张去南京的火车票，希望发车时间是上午7点到9点，这样可以中午到南京赶上下午的课。秦根生明天自己去取票。请代秦根生写一张托事条。

六、8月15日李明在家接到三个电话，一是其父老战友王××打来的，电话告知8月19日他们有个战友联谊会在市凤凰酒楼举行，望其父亲能够参加；另一个是姥姥来电，告知当晚7点到站，让其母亲到火车站接站；第三个是李明学校来电，要求李明即刻返校，有重要事宜。李明一时联系不上其父母，只好留言于书桌上。请以李明的名义给其父母留言告知上述事宜。

七、你是校实验室的管理老师，今天收到外语组刘庆老师还来的中型专业录音机一部，检查功能完好。请给刘庆老师开一张收条。

八、孙磊同学因交通事故腿部受伤，长江职教中心2022级计算机班全体同学自发为其捐款845元。3月24日班主任李兵老师将钱送到孙磊同学家中，请以孙磊父亲孙旭刚名义写一张收条。

思政点滴

【案例】八路军说话算话，70年前借条换回巨款。

【讨论】朋友为什么会借钱给"你"？"你"应该怎么做？

【布置作业】搜集诚信的名言、俗语、成语、故事：一言九鼎、一诺千金、人无信不立……

> **简评** 借条考验人们的诚信。借别人钱，要及早还钱，及早收回借条。这就是诚信。生活中考验同学们诚信的事情有很多。有承诺，必践行，努力做一个诚信、让人信任的人。

任务2

跟着葛优来征婚
——启事

教学目标

知识目标
1. 掌握启事的概念、特点、种类
2. 掌握各类启事的写作技巧和方法

能力目标
1. 能够正确撰写寻找类、征召类、声明类三种不同类型启事的能力
2. 能够正确遣词造句的能力
3. 能够合理串联写作材料和恰当安排文章结构的能力

素质目标
1. 培养学生具体问题具体分析的素质
2. 培养学生的职业责任感，提升学生的职业精神，塑造学生的工匠精神
3. 培养学生实事求是、不弄虚作假、不任意夸张的诚信精神

任务导入

陈小刚是××大学大四的学生，面临毕业。最近他在实习之余，也在积极准备参加学院年底举办的校园招聘会，辅导员老师把本市一家知名外贸公司的招聘启事发给陈小刚，小刚看了以后较为满意，跃跃欲试。

知识百宝箱

一 文种介绍

（一）启事的概念

启事是机关、企事业单位、社会团体或个人需要向社会公众说明某事或请求公众帮助和参与时所写的一种应用文。

启事是社会生活中运用较广泛的一种告启类文书。"启"即陈述，"事"即事情，启事就是公开陈述事情。凡有事需要公开发布，都可以用启事这一文种。可以用来告启的事情十分广泛，招聘、征订、开业、迁移、寻找、招领等都可撰写启事，在各类媒体刊登或播映，以求众所周知。启事对于社会公众来说，没有强制性，公众对启事事项可以介入，也可以不介入。

（二）启事的特点

公开性
面向公众、公开发布是启事的基本特点。启事的目的是让公众知晓并得到公众的帮助，因此须向社会广泛发布，可张贴，可刊登，还可利用广播、电视、网络等各种媒体进行传播，它的读者就是社会公众，所以启事没有秘密可言。

事项单一性
启事的事项要求具体单一，一文一事，不夹杂无关的内容。另外，行文时如果涉及另外的事项，则不能在本文中提及并且一并处理，而是要求另外再写一份启事，一事一启。

简明性
启事往往篇幅短小，有的启事三言两语，有的启事单行单句，语言通俗易懂，对事情的叙述简洁明确，公众一目了然。无论是张贴，还是广播，抑或是登报，不适合长篇大论，启事都写得十分简明。

期待性
启事不同于带有告启性质的行政公文，如公告、通告，它对公众没有行政约束力。启事不能强制人们承担责任和义务，只能提请人们了解、关注或参与某件事情，并希望得到社会公众的支持和帮助，具有较强的期待色彩。

（三）启事的种类

启事的种类有很多，从公布的方式分，可分为张贴启事、报刊启事、广播启事、电视启事。

从内容分，也可以分为三类。

1．寻找类启事

寻找类启事，如寻人、寻物等。寻物启事是寻找丢失的物品，寻人启事是寻找因某种原因下落不明或走失的亲友或其他人物。寻找类启事热切希望知情者提供线索，期待得到社会公众的帮助。

寻物启事要写清楚丢失物品的情况，尤其是物品的特征；寻人启事要详细写明被寻找者的姓名、性别、年龄、口音、体形、相貌特征、出走时的衣着、随身物品、出走的时间和地点等。此类启事要写明启事者的联系方式，联系方式要准确、具体。

2．征招类启事

征招类启事，如招聘、招生、招标、招领、征集、征婚、换房等。招领启事是拾遗者发布启事寻找并通知失主前来认领的一种文体。为了避免冒认、冒领，招领类启事通常只写拾到的时间、地点、招领物品的名称和认领地址或者联系方式，不写物品的数量、特征等具体情况，这些信息必须在失主认领时逐项核对。

3．声明类启事

声明类启事，如作废、辨伪、迁址、更名、更期、更正、开业等，这类启事的正文内容较为简单，把相关信息说明清楚即可。

文种写作技巧和方法

启事的种类比较多，写法不尽相同，但各类启事都有大致相同的格式。一般来讲，启事包括标题、正文、落款三部分。

（一）标题

启事的标题有以下几种写法。

1．以文种为标题

如《启事》。

2．事由+文种

如《征文启事》《寻物启事》等，这种标题是最常见的。

3．单位名称+文种

如《××航运公司启事》。

4．单位名称+事由+文种

如《××市图书馆招聘启事》。

另外也有直接以事由做标题的，如《招工》《诚聘》等。如果启事是紧急的或重要的，则要在"启事"前面加上"紧急"或"重要"的字样，如《××大酒店紧急启事》。

（二）正文

正文的具体内容因告启事项的不同而有所差异，但要求条理清楚地交代有关事项，一般来说应包括两个方面的内容：一是启事的缘由，开头部分要以简洁的文字交代发布启事的原因。二是启事的事项，这是启事的核心部分，要具体陈述需提请公众注意、参与或帮助的具体内容和操作方式。

正文的结构通常有段落式和条款式两种。

1. 段落式

即用一段文字直接陈述有关事项和要求，大多数启事采用这种写法。

2. 条款式

开头写明发布启事的缘由和目的，正文的主体部分则分条列项，写明启事的具体事项。招聘、征稿等启事常用这种写法。

正文后还可以写上"此启"或"特此启事"作为结束语。

（三）落款

在正文的右下方要写明发布启事者的名称和发布时间。如果是机关单位发出的启事，还应加盖公章。个人的启事可在署名后加"敬启"两字。

有的启事还有附启部分，用来注明联系人、联系电话、地址等，有的还要写明有效期限。附启可以写在正文的下方，也可以写在落款的后面。

> **注意事项**
>
> 一、要注意区分"启事"和"启示"。"启示"的意思是启发启迪，使人有所领悟的意思。"启"即陈述，"事"即事情，启事就是公开陈述事情。因此用做应用文写作文种的是启事，而不是启示。
>
> 二、启事的标题要简短醒目，使公众一看到标题就能了解启事的主要内容和性质。启事内容要实事求是，根据实际情况进行写作，不弄虚作假，不任意夸张。
>
> 三、启事语言要通俗易懂、简明扼要，文字要语义明确、没有歧义，语气要庄重平和、恳切有礼。

选文参考

【选文1】

招聘启事

本公司现在要扩大经营规模,开辟新的营业网点,急需工作人员,经市人才服务中心批准,现招聘以下人员:

业务经理1名、管理人员6名、业务员20名。

要求应聘者年龄在32岁以下,具有相当的文化程度,并有3年以上的工作经验。

有意者请将个人简历、身份证、毕业证复印件及近照两张寄至××市××路××号××有限公司人事部,邮政编码:××××××。

联系人:王小姐

联系电话:××××××

××市××有限公司

2023年4月9日

简评 这则启事首先介绍了招聘的原因,其次写明了招聘的岗位及其应聘条件,后又写了具体的联系方式。对于招聘启事而言,基本要素已较齐全。但本则启事有明显的不足:第一,公司的性质和业务不明,可以适当对公司进行一下简介;第二,语言有模糊和歧义之嫌,如"相当的文化程度""身份证""毕业证复印件"等;第三,薪酬待遇没有提及;第四,启事的各项内容已是列项排列,如果加上序号会更清晰。

【选文2】

征婚启事

你要想找一帅哥就别来了,你要想找一钱包就别见了,硕士学历以上的免谈,女企业家免谈(小商小贩除外),省得咱们互相都会失望。刘德华和阿汤哥那种才貌双全的郎君,是不会来征你的婚的。当然我也没做诺丁山的梦,你要真是一仙女我也接不住,没期待您长得跟画报封面一样,看一眼就魂飞魄散。外表时尚,内心保守,身心都健康的一般人就行。要是多少还有点婉约那就更靠谱了,心眼别太多,岁数别太小,会叠衣服,每次洗完烫平,叠得都像刚从商店里买回来的一样。说得够具体了吧!

自我介绍一下,我岁数已经不小了,日子小康,抽烟,不喝酒。留学生身份出去的，在国外生活了十几年，没正经上过学，蹉跎中练就一身生存技能，现在学无所成海外归来。实话实说，应该定性为一只没有公司、没有股票、没有学位的三无伪海龟（海归）。人品五五开，不算老实，但天生胆小，杀人不犯法，我也下不去手。总体而言，还是属于对社会有益无害的一类。有意者电联，非诚勿扰。

秦奋敬启
2016年10月20日

> **简评** 这是葛优和舒淇演的电影《非诚勿扰》开头部分秦奋（葛优扮演）的征婚启事。这篇启事写得也算中规中矩，开头写了自己的择偶标准，接着又做了一下自我介绍。当然这两个部分的内容也可以互换一下顺序。跟着葛优一起来学写一下征婚启事吧！

【选文3】

××中学百年校庆启事

2022年11月11日为××中学建校一百周年纪念日。是日上午10时，于本校体育馆隆重举行庆祝典礼，共贺母校百年华诞。百年盛会，人世难逢，谊海情天，称觞共叙，切盼校友相互转告，届时拨冗归宁。

校友众多，广布四方，逐一函达，实非易事，特发公告，希各周知。

××中学百年校庆筹委会
地址：××市城区东正路62号
电话：××××－×××××××××
2022年10月20日

> **简评** 这是一则校庆启事，集中体现了启事写作的公开性、简明性、告启性特征。正文使用了四字骈语，显得庄重典雅。语气恳切，不失热情，合乎规范。

【选文4】

寻人启事

×××，女（男），×岁，身高×米，体重×千克（偏胖或者偏瘦或者身材适中），（具体描述与众不同的长相特征，出走时的穿着特征），×月×日出走至今未归。有知情者（有知其下落者或者提供线索者）请联系×××，联系电话：139××××××××。定有重谢。

×××敬启
××年×月×日

> **简评** 这是一则寻人启事，例文的写作很有典型性。寻物启事的写作要点也是如此，需要详细地描述被丢失物品的属性特征，以便快速地锁定目标。寻人启事也要求尽可能细致地描述走失者。语言有时候是带有模糊性的，比如深色上衣、浅色裤子这样的描述，这时候就可以加一张照片，使得一些模糊的描述形象化、具体化。因此，寻找类启事在张贴时可以加照片，更为直观和具体。

【选文5】

—— 招领启事 ——

本人昨天中午在荷香苑拾到女士手表一只，浪琴牌，银色，表盘稍有划痕，请失主速与本人联系，联系电话：139××××××××。

启事人：×××
2023年5月24日

> **简评** 这是一则招领启事，招领启事是捡到别人丢失的物品，发布启事寻找并通知失主前来认领。因此为了防止冒领，招领类启事不宜描述得过于详细。有一些信息必须在失主认领时逐项核对。你能把这则招领启事修改正确吗？

选文5 参考答案

 学而思

一、指出这则启事存在的错误之处。

学而思 参考答案

开业启事

　　本商店装修工程已告完工，定于×月×日正式开始营业，经营×××。欢迎广大顾客前来选购。

×××商店
××年×月×日

二、指出这则启事存在的错误之处。

迁址启事

来我公司联系工作的同志：

　　由于我公司需要扩大经营规模，增加人员编制，从××年×月×日起我公司迁移到×××。现将新地址、电话通知如下：

　　地址：×××

　　电话：×××

×××敬启（盖章）
××年×月×日

　　三、赣西山区朱村街有一位正直的老汉叫易根贵，今年（3月26日）早上大发脾气。原来听说今年的早稻良种供应紧张，他的儿子认为有利可图，就从私人手里购进了一批稻种，不经科技推广站（种子公司）检验，就私自拿来上市了。刚卖了半天，就被老汉发现了，老汉当着众人，骂他儿子"30多岁的人了还不懂事"，"坑农"的事、"违法"的事都看不明白。儿子脸上挂不住，一气之下，一走了之。这不，老汉正在求人写一则"启事"，要收回稻种，当场退款。请你以易根贵的名义，写一则"启事"，把退种的事处理好。

　　四、医学院2022级护理专业的李晓红同学6月12日在操场捡到一个黑色某品牌手提包，内有百元大钞五张，一张餐卡，一张银行卡，请你帮她写一则启事寻找失主。

　　五、幸福树电器商场因业务发展需要，面向社会招聘10名优秀业务员，要求应聘者年龄在35岁以下，高中文化程度，男女不限，有工作经验者优先。一经录用，待遇从优。请你为该商场写一则招聘启事。

思政点滴

"温暖我的瞬间"主题征文启事

习近平总书记在党的二十大报告中指出:"社会主义核心价值观是凝聚人心、汇聚民力的强大力量。"为推动社会主义核心价值观广泛弘扬,深入开展社会主义核心价值观宣传教育,"学习强国"学习平台以"温暖我的瞬间"为主题,面向全社会开展征文活动,通过读者讲述日常生活中一个个温暖的瞬间,感动你我,照亮生活,传递向上向善的价值追求,引领社会风尚,汇成温暖的潮流,为以中国式现代化推进中华民族伟大复兴凝聚起勇毅前行的磅礴力量。

一、征文时间

自征文启事发布之日起,至2023年4月30日结束。

二、征文主题

征文以习近平新时代中国特色社会主义思想为指导,贯彻总书记关于深入开展社会主义核心价值观宣传教育重要论述精神,以"温暖我的瞬间"为主题,通过讲述人们守望相助的故事,体现社会大家庭的温暖,进而推动人们在为家庭谋幸福、为他人送温暖、为社会做贡献的过程中提升精神境界、培育文明风尚。感人的瞬间,温暖的力量。过往岁月,总有一些人、一些事温暖了时光,打动了你我。温暖"我"的,可以是家人、朋友、老师、同学的关心关爱,也可以是志愿者、快递小哥、医护人员的无私帮助;可以是媒体报道中的凡人义举、忠于职守的默默奉献、英雄人物的舍生取义,也可以是旅途中的偶遇、生活中的一面之缘、工作中一字之师,等等。这些如星辰般的光辉足以照亮前行的路,化为直面困难、迎接挑战的勇气和力量。新征程路上,每一个"温暖我的瞬间",都将汇聚成璀璨星海,形成同心共圆中国梦的强大合力。

三、作品要求

1. 坚持正确导向。紧扣主题,体现中国特色、时代特征,弘扬主旋律,传递正能量。

2. 内容真实具体。体裁以记叙文、散文为主,原则上不采用诗歌、小说等形式。最好以纪实的手法,有故事、有情节、有细节。

3. 情感真挚动人。有感而发,言之有物、言之有情、言之有理。

4. 形式丰富多样。文章可配发相关照片,包括守望相助的场景、志愿参与的亮丽风景,或者经历的自然风景。

5. 文章题目自拟。考虑到手机阅读的习惯和效果，字数适当，文章不宜太长。

四、参与方式

1. 电子邮箱：xxqgzw@xuexiqg.cn。

2. 海投系统：在"学习强国"PC端（网址www.xuexi.cn）实名登录后，点击右侧导航栏或主页中部的"我要投稿"，即可按照提示提交图文稿件。

3. "学习强国"各省级、地市级学习平台同步开展征文活动，投稿方式可查阅各地学习平台发布的征文启事。

五、优秀作品展示及奖励

1. "学习强国"在App端和PC端"强国征文"频道择优刊登读者来稿，部分作品在"推荐"频道强国征文专题展示。"学习强国"各地学习平台同步开设"强国征文"专栏（题），刊登本地读者优秀作品，并向总平台推荐优质稿件。

2. "学习强国"将在征文结束后，组织专家团队对上线作品进行评选，评选出优秀作品，颁发获奖证书。

六、注意事项

1. 投稿者均须写明作者真实姓名、职业、所在单位、联系电话等信息。

2. 投稿人须保证所投作品为原创，不侵犯其他人的著作权、肖像权、名誉权、隐私权等各种合法权益。所投作品一经选用，即视为投稿人独家、免费、长期授权本平台行使除署名权、保护作品完整权外的其他全部权利，本平台及其被授权人可对作品作必要修改。著作权人如需授权其他人使用，则需取得本平台的书面同意。凡应征投稿即视为理解并接受本征稿启事的所有内容，本平台有权对征文活动细节进行技术性解释说明。

欢迎读者和社会各界积极参加征文活动。

咨询电话：010-85×××55。

"学习强国"学习平台
2023年1月16日

> **简评** 近几年来，"学习强国"学习平台多次举办征文活动，影响深远。比如，2021年春节期间面向全社会开展主题为"过年：中国人的集体记忆"征文活动，深入贯彻落实习近平总书记关于传承中华传统文化、坚定文化自信等重要论述，突出乡愁亲情、家风家教等重要文化元素，进一步筑牢家国

情怀，营造欢乐、团圆、喜庆、祥和的节日氛围，为"十四五"良好开局凝聚精神力量；2023年的"温暖我的瞬间"主题征文，通过讲述人们守望相助的故事，体现社会大家庭的温暖，倡导人们为家庭谋幸福、为他人送温暖、为社会做贡献，提升精神境界、培育文明风尚。

任务3

简自我风采，历职场未来
——求职简历

教学目标

知识目标
1. 了解求职信、求职简历的概念，理解其特点和内容
2. 掌握求职信、求职简历写作的方法和技巧

能力目标
1. 能够根据实际需要撰写格式规范的求职信和个人简历
2. 能够形成辩证看待问题的能力
3. 能够形成良好的团队合作能力

素质目标
1. 培养和训练学生的团队协作意识
2. 培养学生诚实守信，做事讲求原则的职业素养
3. 培养学生了解社会就业趋势，为自己就业奠定心理基础和自信心
4. 引导学生树立积极健康的求职观，树立正确的价值观

任务导入

学院的招聘会在10月底如期举行。学姐来支招了，一份精心准备的简历是求职成功的必要条件，要用心设计好自己的简历，让面试官对你"一见钟情"。"博士生一张纸，硕士生几页纸，本科生一叠纸，中专生一摞纸"，这是应聘者在多次招聘中总结的所谓"规律"。作为"菜鸟"的毕业生陈小刚迷惑了，参加招聘会需要准备哪些材料？要注意哪些事项？小刚此次志在必得，你能帮他出谋划策一番，设计制作一份求职简历吗？

知识百宝箱

求职信

一 文种介绍

（一）求职信的概念

求职信是求职者向用人单位自荐谋求职位的书信。这是随着社会经济发展而产生的一种新的应用文种。

求职信起到毛遂自荐的作用，求职者通过这封书信，尽可能扼要而有重点地介绍自己的水平、才能以及求职的意向。一份好的求职信，能够拉近求职者与人事主管之间的距离，从而顺利获得面试的机会。因此求职信对求职者来说是公平竞争、一展才华的工具，对聘任者来说是尽我所需、择优录取的依据。

（二）求职信的特点

针对性　　一是指要针对用人单位的实际情况，看是否符合求职人的意愿。选准用人单位是写作求职信的前提条件，求职信是求职人对用人单位认可的体现；二是指求职人要针对自己的实际情况，看看是否符合用人单位的条件，否则求职信会因为针对性不强而石沉大海。

自荐性　　要恰当地推销自己。求职信是沟通求职者与用人者的一种媒介，在双方相互不认识、不熟悉、不了解的情况下，写作者要善于推介自己，并恰如其分地表现自己，用你的成绩、特长、优势，甚至用自己的个性和"闪光点"吸引对方，使对方在即使未曾谋面的情况下，产生一种心动和值得一试的感觉。自荐的过程，也是自我宣传、自我推销的过程，要客观地、恰如其分地介绍自己。

独特性　　求职是一场见不到硝烟的"战争"，尤其是那些知名度高、实力雄厚的大企业，人才的竞争格外激烈。要想在竞争中取胜，必定要出类拔萃，不同一般。"人无我有，人有我优"，这一点要在求职信中得到充分的体现。因此，求职信要体现求职人独特的与众不同的地方，要善于扬长避短。在求职信中应将你的长处淋漓尽致、实事求是地表现出来，以求在竞争中取胜。

二 文种写作技巧和方法

（一）标题
"求职信"三字写在首行正中。

（二）称呼
称呼是对读信人的称谓。由于读信人是公司或单位的负责人，故可直呼他为"××公司负责人""××厂厂长""××企业经理"等。求职信不同于一般的私人书信，故称呼时应注意，不要用"亲爱的""我最尊敬的"等字眼。为了礼貌起见，可用"尊敬的××"来称呼。

（三）问候语
问候语是对收信人礼貌的表示。一般书信是既要有礼节性还要有针对性，因为收信人各式各样，情况又各不相同，但求职信的收信人很单一，所以只强调礼节性，写上"您好"即可。位置在称呼下一行，空两格，用感叹号。

（四）正文
正文是求职信写作的重点。一般包括开头、主体和结尾三部分。

1. 开头

先说明写信的缘由，即开门见山地交代"看到《××报》×年×月×日刊登的招聘广告，本人很感兴趣，特此应聘"或"感谢贵公司给我这次机会，久闻贵公司是深值信赖且有发展潜力的单位，神往已久。如能到此任职，将不胜荣幸"等。写完写信缘由后主要介绍求职者本人的基本情况，如姓名、性别、年龄、政治面貌、学历、职务、职称等，并表明求职的目标、意图，明确提出所要选择的具体岗位或职务的名称。这部分内容可视实际需要酌情拟写。

2. 主体

紧扣用人单位的岗位或职务所要求的条件，突出自己的优势，着重叙述自己的经历和成绩以及爱好、专长等，以充分展示自己对所谋求工作职务具备的资格和能力。如果是刚毕业的学生，在这一部分可以介绍自己所学的专业以及与所谋求的工作职务相关的课程，也可以附带介绍自己曾获得的某些专业等级或有关荣誉、奖励。如果曾做过一些兼职或参加过一些社会活动，也可以写一下，以供用人单位参考。总之，这部分内容要有针对性，要有所侧重。

3. 结尾

主要是强调你的愿望和要求。此外还要写上你的联系方式，以便随时联系。

（五）落款
即署名和日期。要认真书写，不能潦草马虎。署名可以手写签名。

注意事项

一、内容要简短。切忌长篇大论,篇幅控制在600字以内。

二、措辞有分寸。做到不卑不亢。过于谦卑,会给人庸碌无为的不良感觉;过于高傲,会给人轻佻浮夸的印象。

三、投单位所好。善于换位思考,从用人单位的角度出发考虑问题,有针对性地提供自己的背景材料,表现出独到的智慧和才干。

四、字迹要工整。随着社会的发展,很多情况下求职者一般采用打印的形式来制作求职信。但是如果求职者的书法过硬的话,可以采用手写的形式。因为洁净秀丽的字体本身就是一封较好的"介绍信",容易给人留下良好的第一印象。

五、留联系方式。求职信一定要写清联系方式,包括电子邮件、手机号等。

六、求职信(自荐信)与应聘信的区别。

应聘信是当事人向欲供职的具体单位提出求职申请的书信,所以它要求写作者在写作时一定要针对招聘单位的具体要求展开介绍,做到重点突出、明确。求职信(自荐信)是毕业生根据自身的能力和市场的需求,在对本人求职范围做了考虑判断的基础上,以尽量符合此范围内的单位和职务之需要为标准而写的求职书信。因为求职信(自荐信)的求职岗位不是某一个,而是一个大体的范围,所以在写法上要求写作者在信中介绍自己适应相应岗位群的知识、能力、专长等。所以从总体上说,应聘信在写法上注重个别性、针对性;求职信(自荐信)在写法上注重全面性、兼容性。

选文参考

【选文1】

求职信

尊敬的人事部经理:

您好!非常感谢您从百忙之中抽出时间阅读我的自荐材料。我在贵公司官网上看到的招聘启事,得知贵公司正在招聘品牌服装专售人员,我对这个岗位很感兴趣,非常愿意成为贵公司的员工。

本人陈小刚，今年21岁，是××大学的应届毕业生，所学专业是市场营销专业服装营销方向。求学期间，我以服装销售为主攻方向，掌握了基本营销策略和技巧，同时参与学习了服装制作与设计等相关课程，不仅比较全面地了解了服装方面的特点，也对服装的制作过程以及各种服装面料的特性有了大致的了解。并且，我通过努力在课余时间学习了素描、色彩、服装表演等艺术课程。我还掌握了英语和计算机的基本运用能力。在校期间，担任学生会宣传委员一职，锻炼了我的宣传和策划能力，并得到了市一等奖学金、市优秀学生干部和区优秀团员等殊荣。

随着知识经济时代的到来，社会将更加需要"专业突出，素质全面"的复合型人才。我深深明白这个道理，因此课外我积极投身于一系列社会实践活动，在服装城的牛仔服批发市场和××品牌服装专卖店实习，实习期间工作努力，赢得了老板和客户的一致赞赏。

我是个踏实肯干的人，具有极强的责任心。我热爱服装专售人员这个岗位，深知这项工作的重要意义。我有信心能胜任这项工作。

良禽择木而栖，士为知己者死。如能被录用，我将竭尽全力做好工作。期待与您面谈的机会！

祝事业兴旺！

求职人：陈小刚
2023年3月22日

联系电话：×××××××

电子邮箱：xiaogang@×××.com

> **简评** 选文是一篇不错的求职信，可供毕业生参考。求职信的写作重点是介绍与招聘方要求相关的个人信息；展示自己的职业素养和特长，要从多个角度推销自己，展示自己的各种能力。为了行文更清晰，建议从两个方面来写，一是理论学习方面，二是社会实践方面；结尾处表明胜任该项工作的信心，希望得到面试的机会。联系方式属于重要信息，不能遗漏。落款处也可以手写签名。

【选文2】

求职信

尊敬的贵公司领导：

您好！首先感谢您在百忙之中抽出一点时间，由于时间仓促，准备难免有不足，请予以谅解！

十几年的寒窗苦读，铸就了我的学识与自信。大学阶段的学习与成长更加磨炼了我的意志，提高了我的修养！"一分耕耘、一分收获"！我会尽自己最大的努力，辛勤劳作，实现自己的人生价值。

在知识经济爆炸的时代里，不仅需要知识，更需要能力——接受新事物和适应新环境的能力。其实，只想抱着一种平静而真诚的心情，把这看作是交流和沟通的平台。真的，这可能是我人生中又一转折。首先，我想表明一下个人的工作态度，也可能是阅历的浅薄吧。一直到现在我都固执地认为：我的工作就是一种学习的过程，能够在工作中不断地汲取知识。当然，钱很重要，不过对我来说，充实而快乐的感觉就是最大的满足了！

最后，恭祝贵公司事业蒸蒸日上，祝您工作顺利！请予以考虑我这个新兵。愿与贵公司携手共筑美好未来！让我们风雨同舟！我相信自己，更相信您！给我一个机会，蓄势而后发的我会还你们一个惊喜！天行健，君子以自强不息！

此致

敬礼

求职人：张力

2023年6月26日

> **简评** 假如你是老板，看到这样的求职信，你会选择这样的毕业生吗？选文集中体现了毕业生在撰写求职信的时候存在的误区，逻辑混乱、条理不清，时而过于自信，时而又不够自信，消极的工作态度也不被人所接受，所叙述内容多为假大空，没有集中体现自己的优势与特长。另外，文中出现错别字，也是不允许的。

【选文3】

达·芬奇的求职信——致米兰大公书

尊敬的显贵的大公阁下：

我是来自佛罗伦萨的作战机械发明者达·芬奇，希望可以成为阁下您的军事工程师，同时求见阁下，以便面陈机密：

一、我能建造坚固、轻便又耐用的桥梁，可用来野外行军。这种桥梁的装卸非常方便。我也能破坏敌军的桥梁。

二、我能制造出围攻城池的云梯和其他类似设备。

三、我能制造一种易于搬运的大炮，可用来投射小石块，犹如下冰雹一般，可以给敌军造成重大损失和混乱。

四、我能制造出装有大炮的铁甲车，可用来冲破敌军密集的队伍，为我军的进攻开辟道路。

五、我能设计出各种地道，无论是直的还是弯的，必要时还可以设计出在河流下面挖地道的方法。

六、倘若您要在海上作战，我能设计出多种适宜进攻的兵船，这些兵船的防护力很好，能够抵御敌军的炮火攻击。

此外，我还擅长建造其他民用设施，同时擅长绘画和雕塑。

如果有人认为上述任何一项我办不到的话，我愿在您的花园，或您指定的其他任何地点进行试验。

谨此无限谦恭之忱，向阁下问安！

列奥纳多·迪·皮耶罗·达·芬奇
××年×月×日

简评 这是一封自荐信。1482年，31岁的达·芬奇离开故乡佛罗伦萨，来到米兰。他给当时米兰的最高统治者、米兰大公洛多维科·斯福尔扎写了这封求职信，希望谋得一个军事工程师的职位。米兰大公收到此信后不久，就召见了达·芬奇。在短暂的面试后，正式聘用达·芬奇为军事工程师，待遇十分优厚。达·芬奇这封短短的求职信体现了两大优点：一是针对对方需要，这封详略得当、针对性很强的求职信，无疑给米兰大公留下了深刻的印象。二是语气充满自信。达·芬奇一连使用了六个"我能"，一项一项，有条不紊地列举自己军事工程方面的才能，语气坚定。这份自信当然来自对自己实力的清醒认识，而且显然也感染了见多识广的大公，最终给了他面试的机会，它堪称史上最"自信"简历。

个人简历

一 文种介绍

（一）个人简历的概念

个人简历就是对某个人的生活经历有重点地加以概述的一种应用文书。

个人简历是对一个人生活经历的简要总结，在一定程度上是一个人的整体形象的缩影，因而是现代社会人事档案的一个重要组成部分，也是考察干部、选拔任用人才等必须具备的一份重要资料。

（二）个人简历的特点

真实性 指写简历时一定要客观理性地总结自己的经历，做到真实、准确、不夸大、不缩小、不编造，这样才能取信于人。好简历是求职的敲门砖，适度包装也是可以的，但是一定不能虚构，简历注重真实，要求体现诚信。

正面性 指内容应当是正面性的材料，负面的内容可以不提。适当展示自己的职业素养和特长，如在校曾担任的职务，曾从事的社会工作，在各类活动中表现出的组织能力、人际交往能力、口头和书面表达能力等。求职者的兴趣、爱好和特长不仅能反映其个性特征，也透露出其工作潜力，是招聘方颇感兴趣的内容。

精练性 简历不是纯粹的技巧，形式固然重要，内容更重要！所以充分利用每一个空间做最精准的表达，删去任何一个不必要的字。简历不要太长，一般一页纸足够了。排版简洁干净漂亮，有针对性，自己优秀的地方一目了然。招聘者要阅读的个人简历很多，因此他们在每一份个人简历上花费的时间很短，所以求职者撰写简历必须简洁精练，用尽可能少的语言概括出尽可能多的信息量。

（三）个人简历的种类

个人简历有以下几种，我们可以根据不同的时间、场合，采用合适的简历类型，为我们的成功求职添砖加瓦。

1. 时序型个人简历

这是最普通也是最直接的简历类型，即从你最近的经历开始，逆时顺序逐条列举个人信息。用这种形式写简历时，重点应强调近几年你在个人经历、学习或社会实践活动中取得的成就。它的优点是清晰、简洁，便于阅读，看上去一目了然。

2. 功能型个人简历

这是一种不太常用但往往很有效的简历。它强调你的资历与能力，并对你的专长和优势加以一定的分析和说明。工作技能与专长是功能型简历的核心内容。

3．复合型个人简历

该类型简历是时序型简历和功能型简历的结合运用。你可以按时间顺序列举个人信息，同时刻意突出你的成绩与优势。复合型简历能最直接地体现你的求职目的。

4．业绩型个人简历

业绩型简历以突出成绩为主，因此一般将"成绩"栏放于简历的显要位置来着重突出。

5．目标型个人简历

大多数个人简历着重于过去，而目标型简历则着重于未来。了解职位的要求，熟悉你打算就职的行业或环境的情况，强调你具备可以胜任与求职目标相关岗位的能力。目的性很明确。

二 文种写作技巧和方法

一般来讲，个人简历的内容应该包括"个人基本情况""社会实践活动""求职意向""联系方式"等基本要素。个人简历不管采用何种形式，其内容都万变不离其宗，下面提供一个撰写简历的基本格式，以供参考。

（一）标题

可以直接写"个人简历"，也可以在简历之前冠以姓名和称谓。

（二）个人基本情况

这部分包括姓名、年龄（出生年月）、性别、籍贯、民族、学历、学位、政治面貌、学校、专业、身高、毕业时间等。一般来说，本人基本情况的介绍越详细越好，但也没有必要画蛇添足，一个内容要素用一两个关键词简明扼要地概括说明一下就可以了。

（三）学习背景

主要列出大学阶段的主修、辅修与选修课科目及成绩，尤其是要体现与你所谋求的职位有关的教育科目、专业知识。不必面面俱到。如果用人单位对你的大学成绩感兴趣，可以提供给他全面的成绩单，而不必在求职简历中过多描述这些东西。你的学历、知识结构应该与用人单位的招聘条件相吻合，要突出重点，有针对性。

（四）社会实践活动

工作经历是求职中最重要的部分。但是对于初出校门的大学生，没有工作经历，因此，工作经历可以改为社会实践活动和实习经历，包括在学校、班级所担任的社会工作、职务、勤工助学、校园及课外活动、义务工作、参加的各种团体组织、兼职工作经验、培训、实习经历和实习单位的评价、专业认证、兴趣特长等。这部分内容要写得详细些，通过这些，用人单位可以考察求职者的团队精神、组织协调能力等。

（五）荣誉和奖励

包括上学期间在出版物上发表的论文、发表演讲以及计算机技能、语言技能、许可证书和资格证书，个人兴趣爱好也可以列上几项，让用人单位了解求职者的工作、生活情况。

（六）自我评价

自我评价是通过几句概括力强的语言，向人事经理展示自身的综合素质与核心竞争优势。人事经理每天得阅读几百份求职简历，筛选简历的时间就只有几秒钟！如何从众多求职简历中脱颖而出？自我评价无疑是获得人事经理青睐的重要利器。这一部分的写作要精练，体现个性，把有价值的信息传达给人事经理。

（七）求职意向

求职意向就是根据个人的爱好和能力，对自己进行职业规划，明确自己所要从事的职业，从而有针对性地去寻找合适的工作。求职意向的确定属于典型的自我认知问题，明确了求职意向，找工作的时候就能不偏方向，有的放矢。

求职简历里要表明本人对哪些岗位感兴趣，说清楚自己应征的职位，说明自己具备哪些资格和技能。要突出重点，有针对性。

（八）联系方式

个人简历和求职信一样，都要写清楚手机号码、电子邮箱等信息，以方便及时取得联系。

（九）其他求职择业材料

列举证明材料部分。简历的最后一部分一般是列举有关的附加性材料，包括学历证明、获奖证书、专业技术职务证书、专家教授推荐信和所发表的论文著作复印件等。

注意事项

一、内容上突出个性

在简历设计上要突出自己的个性品质特征，使你的简历更加出众。向用人单位传递如自我评价、职业动机、兴趣爱好等方面信息时，要展示出自信、诚实的个性、清晰的工作思路、稳健的工作作风等品格，这些都是用人单位最感兴趣和最想了解的。

二、形式上与众不同

如果想在竞争中求职成功,首先就要将简历设计得与众不同。要从形式到内容把简历设计得落落大方,不落窠臼,并因此脱颖而出。任何一位招聘者都会对别出心裁的简历感到眼前一亮。

三、强调成功的经验

招聘人员总是想要你拿出真正具有实力的证据来证明你具备的能力,因此,对于之前的工作经历、业绩,要用真实的数据加以证明,还可以举例说明曾经在工作中处理过的突发、紧急或危险状况,写清楚工作中的突出贡献。短短一份"成就记录",远胜于长长几页的"工作经验"。

四、用词上力求精确

阐述技巧、能力、经验要尽可能写得准确,不夸大也不误导。恰如其分地表达出你所写的与实际能力及工作水平相同。语气谦逊而不自卑,自信而不浮夸。书面语言要规范,不宜使用网络语言及表情符号。不要写错别字,出现错别字会影响别人对你的印象。

选文参考

【选文1】

李××

性别:女	民族:汉	出生日期:××××年2月23日
电话:12345679329		E-mail:140121012@163.com
地址:青岛市××区××路967号		邮编:266100

教育背景

2021年—至今 ××学院

主修:国际商务函电、国际贸易实务、外贸英文制单、国际汇兑预结算、高级口语、应用文写作、英语精读等。

社会实践

2021年到青岛国际会展中心为当时举办的畜牧业展服务；
在超市促销百事可乐；做手机的调查问卷。

获奖情况

2022—2023年分别获二等、一等奖学金以及××奖学金励志奖。
2022—2023年获"三好学生、优秀团干部、优秀学生干部"称号。

求职意向

外贸业务员相关工作。

自我评价

性格外向活泼、善于交际；做事踏实认真、从一而终；具有领导性、原则性；有较强的责任感。

电话：12345679329　　　　E-mail：140121012@163.com

> **简评** 这篇个人简历从内容上看，基本要素齐全，语言也较为简洁，给人的感觉也是一目了然。毕业生制作个人简历的时候，可以借鉴一下。个人简历未必都得以表格的方式来写。该简历的自我评价部分有待商榷，没有重点，没有准确、有效地向人事经理传递有价值的信息。如果换一个人，你写的自我评价依然适用，那么这样的自我评价就没有任何意义了。联系方式不用重复。

【选文2】

个人简历

姓名		性别		
生日		民族		
籍贯		毕业院校		
政治面貌		专业		
学历		求职意向		

续表

联系地址	
教育背景	
社会实践活动	
荣誉与奖励	
求职意向	
自我评价	
联系方式	

简评 该选文是表格式个人简历的模板。毕业生也可以采用以上表格式简历。这样的个人简历很清晰，一目了然。但是如果千篇一律，也会失去个性。表格式个人简历内容很清晰，但是也容易死板。毕业生可以根据自身喜好来选择适合自己的个人简历样式。

学而思

一、作为毕业生，你需要为自己量身打造，设计制作一份合格而完美的简历。按照求职简历设计制作的要求，你也来试试吧！

二、训练内容：求职面试时的提问五花八门、包罗万象，设计一个人才招聘会，学生分别模拟招聘方和应聘方进行问答。

训练要求：将学生分成若干小组，每组自设招聘方和应聘方人员，问答内容自拟。

任务4

走过路过不要错过
——海报

教学目标

知识目标
1. 掌握海报的概念，了解海报的特点和种类
2. 掌握海报的写作方法和技巧

能力目标
1. 能够设计绘制出符合规范和要求的海报
2. 能够合理地分析所绘制海报的优缺点
3. 能够根据要求对绘制海报提出合理的改进意见与方案

素质目标
1. 培养学生较强的语言表达、职业沟通能力
2. 培养学生的团队合作和协作精神，能够组织或参与团队开展实践活动
3. 培养学生的创新意识和创新精神

任务导入

陈小刚接到了辅导员老师打来的电话，辅导员紧急交代了一项写作任务。系部邀请了校友××公司王红总经理周末来学校为毕业生们进行一场"求职面试礼仪与具体操练"的讲座，需要小刚帮忙设计一份海报，告知同学们踊跃参加。有着书画功底的小刚信心满满，向辅导员保证，一定会设计出令老师满意的作品。

知识百宝箱

一 文种介绍

（一）海报的概念

海报是向公众告知有关举行各种文艺演出活动、体育竞赛活动、报告会等消息的张贴性应用文，是一种图文并茂的信息宣传形式。海报可张贴于公共场所、橱窗内，或者通过媒体发布。

海报这一名称，最早起源于上海。旧时上海人把职业性的戏剧演出称为"海"，而把从事职业性戏剧的表演称为"下海"。因为这个缘故，人们便把写有剧目演出信息的具有宣传性、招徕顾客的张贴物叫作"海报"。

（二）海报的特点

宣传性　海报是广告的一种，希望能够得到社会各界的广泛参与。因此，很多海报加以美术的设计，以吸引更多的人参与活动。海报张贴于人们易于见到的地方，也可以在媒体上刊登、播放，其广告性色彩极其浓厚。

商业性　海报是为某项活动作的前期广告和宣传，其目的是让人们参与其中，演出类海报占海报中的大部分，而演出类海报又往往着眼于商业性目的。当然，学术报告类的海报一般是不具有商业性的。

（三）海报的种类

1. 从用途上分类

（1）公益海报。这类海报以社会公益性问题为题材，例如环境保护、卫生宣传、反战、竞选等。

（2）商业海报。这类海报则以促销商品、满足消费者需要等内容为题材，例如产品宣传、品牌形象宣传、企业形象宣传、产品信息等。

2. 从内容上分类

（1）文艺类海报。电影、戏剧、文艺演出和大型公众综艺活动的信息海报。

（2）体育类海报。指介绍体育赛事和活动的海报。

（3）报告类海报。告知举办各种讲座、学术报告、英雄模范事迹报告等内容的海报。

（4）展销类海报。告知各种展览活动的海报，如商品展销、科普展览等。

二 文种写作技巧和方法

海报一般由标题、正文和落款三部分组成。

（一）标题

海报的标题写法较多，可以单独由文种名构成，即在第一行中间写上"海报"字样，也可以直接由活动的内容做标题，如"舞讯""影讯""球讯"等。也可以是一些描述性的文字，如"×××精彩纷呈、不容错过"等。

（二）正文

海报的正文要求写清楚以下内容：第一，活动的目的和意义。第二，活动的主要内容、时间、地点等信息。第三，参加的具体方法及一些必要的注意事项等。

（三）落款

要求署上主办单位的名称及发布海报的日期。

以上的格式是就海报的整体而言的，实际的使用中，部分内容可以少写或不写。

注意事项

一、要具体真实地写明活动的地点、时间及主要内容。时间要具体到某个时刻。

二、文字要求简洁明了，篇幅要短小精悍。

三、为了吸引观众的眼球，海报的版式可以做一些艺术性的加工与处理。海报是视觉艺术，可以通过图案、色彩等产生强烈的视觉效果。

四、海报和广告的灵魂都在于创意。

选文参考

【选文1】

海 报

你想与成功者分享成功的喜悦吗？你想一睹成功者的风采吗？你想学习如何创业

吗？你想了解大企业家的创业历程吗？你想感悟创业的酸甜苦辣吗？请听著名企业家××的精彩报告。

报告题目：我的创业心路

地点：学院大礼堂

时间：6月1日下午2点30分

××大学学生会
2023年5月28日

> **简评** 这是一则海报。用一连串的设问来表明讲座的主要内容，形式比较新颖。正文明确了时间、地点、主题、人物等主要必备信息，语言简练，语气平和恳切，格式也合乎规范。

【选文2】

足球友谊赛

大学生足球队—解放军足球队

对抗激烈　　扣人心弦

时间：9月15日15时

地点：八一体育馆

门票：免费

×××市体育局

2022年9月10日

> **简评** 这则海报的格式可供借鉴。把海报的各部分要素都居中排布，简单扼要，清楚明白。一方面发挥海报的宣传作用，同时也向公众发出邀请，只要你感兴趣你就来！

学而思

一、完成"任务导入"部分的写作内容。

二、中国文化课程要举行一场"民俗知多少"的知识竞赛，请帮忙设计海报，根据需要，添加有关信息。

三、2022级报关与国际货运班拟于2022年12月30日下午2：00，在学校的文体中心进行一场多米诺骨牌大赛的活动，请你帮忙设计一张比赛海报。

任务5

高效沟通，低碳环保
——电子邮件

教学目标

知识目标
1. 掌握电子邮件的概念、特点
2. 掌握电子邮件的发送、收取、回复技巧以及附件的使用
3. 掌握电子邮件正文的写作格式及注意事项

能力目标
1. 能够选择合适的网络交流工具传递信息、交流思想、解决问题
2. 掌握电子邮件沟通礼仪，树立良好的个人职业形象

素质目标
1. 培养大学生严谨、自律的职业操守
2. 培养学生提高利用信息技术为生活和学习服务的意识
3. 培养学生较强的语言表达、职业沟通能力

任务导入

辅导员老师把本市一家知名外贸公司的招聘启事发给陈小刚，根据招聘启事里面提供的联系方式，小刚通过电子邮件，给用人单位发送了一份电子版的求职简历。很快，小刚就收到了对方的回信，双方约定了具体的面试时间和地点。电子邮件果然方便快捷！你知道发送电子邮件有哪些需要特别注意的事项吗？

知识百宝箱

一 文种介绍

（一）电子邮件的概念

使用计算机，通过互联网发出去的信件就叫电子邮件，英文名字叫E-mail。电子邮件是通过电子通信系统进行书写、发送和接收的信件，是集电话的便利和信件的永久性于一体的通信方式。

电子邮件是一种快捷、方便、廉价、环保、图文并茂的邮寄方式，它可以做到足不出户就能将信件发送到世界任何一个地方。

电子邮件的发送需要借助电子邮箱。电子邮箱地址的格式：aaaa@126.com，用户名用来标识用户，可以是英文字母、下划线和数字组合；分隔符@是将用户名和域名分开；126.com或者qq.com等信息是邮件服务器的名称。这三个要素共同构成电子邮箱的地址。

（二）电子邮件的特点

发送速度快　电子邮件的首要优点就是速度快，它可以做到足不出户，畅通无阻地将信件发送到世界任何一个地方。相比较于纸质信件的传输速度，电子邮件要迅速地多。一般情况下，通过互联网发送的电子邮件，只要几秒钟就可以传递到天涯海角。如果对方立即回复的话，那么几秒钟后就能收到对方发来的回信。电子邮件的收发都极其方便快捷。

成本低廉　电子邮件传送信息的费用，比其他方法，比如传真、电话、纸质信件等的费用要低廉得多，几乎为零成本。不仅如此，通过电子邮件，不仅可以传送文本信息，还可以传送音像资料、报表和计算机程序等。

广域性　由于E-mail系统具有开发性，使得许多非Internet计算机网络的用户可以通过一些称为网关的计算机与Internet网上的用户交换电子邮件。目前，Internet上E-mail提供服务的地理范围远远超出了正式加入Internet的国家和地区的地理范围。

（三）电子邮件的种类

电子邮件按照内容的不同，大致可以分为以下三种。

1. 商务型

此类电子邮件主要用于经贸、商务交往中，商务型电子邮件是职场白领互相沟通的主要工具。专业的商务电子邮件应该具备规范的写作格式，并且在格式上相对比较固定，无论是信件的信头、日期、收信地址，还是正文、附件及结束语都有着相关的礼仪及写作技巧。

2. 私人型

此类电子邮件主要用于个人与亲朋好友传递信息、交流思想感情，私人型电子邮件是人与人之间情感交流沟通的纽带。一般处理的是个人的私事，是人们日常生活、工作中不可缺少的交际、交流思想的工具。

3. 营销型

此类电子邮件主要用于潜在目标客户，向对方传递价值信息，营销型电子邮件是利用电子邮件与受众客户进行商业交流的一种直销方式，同时也广泛地应用于网络营销领域。有三个基本因素：用户许可、电子邮件传递信息、信息对用户有价值。三个因素缺少一个，都不能称之为有效的E-mail营销。

二 文种写作技巧和方法

电子邮件的种类不同，写法也不尽相同，但各类电子邮件有大致相同的格式。一般来讲，包括标题、收件人、正文等几个部分。

（一）标题

电子邮件的标题也叫作主题，标题要求简洁，一目了然，确保自己和对方能够快速而准确地查找到相关信息，因此主题必须具体不含糊，且有意义。一封信一个主题，不可大杂烩，千万不要出现错别字，不要随便用紧急标示。另外，主题不要空着，回复别人的邮件时要更改主题。

（二）收件人

收件人是要受理这封邮件所涉及的主要问题，并且要对邮件予以回复响应的人。

抄送是通知收件人，抄送的目的是为了让他们知道邮件中沟通何事，进展到了什么程度，无须特别注意或者有所行动。当然抄送收件人如果有好的建议，也可以回复。

密送是秘密地送达，收件人并不知道，通常工作邮件不用密送，希望某员工知道某项目的情况，但是以他的级别不适宜出现在抄送列表里，可以用密送。密送一般用于特殊情况。

（三）正文

电子邮件的开头要有称呼。在多个收件人的情况下可以称呼大家。如果对方有职务，应按职务尊称对方，如"×经理"；如果不清楚职务，则应按通常的"×先生""×小姐"称呼，但要把性别先搞清楚。不熟悉的人不宜直接称呼英文名，对级别高于自己的人也不宜称呼英文名。恰当地称呼收件者，拿捏尺度。关于格式，称呼是第一行顶格写。

正文的写作要主题明确，内容简洁，语言流畅；要用论述的语气；正文多用一、（一）、1.、（1）来分条列项；电子邮件正文要一次性交代完整所有的信息；尽可能避免拼写错误和错别字；合理提示重要信息；合理利用图片、表格等形式来辅助阐述；不要在信件中发泄不满，应面对面地解决问题。

正文结尾处要有祝愿语。可以使用"此致敬礼""祝您顺利""顺祝商祺"等。祝福语的写作也要注意格式。"祝"和"此致"为紧接上一行结尾或者换行开头空两格，而"顺利"和"敬礼"为再换行顶格写。

（四）附件

电子邮件如果带有附件，要在正文部分予以说明，并且提醒收件人查看附件；附件命名要能够概括其主要内容，方便收件人下载后管理；一般而言，附件数目不宜超过4个，数目较多时应打包压缩成一个文件；特殊格式的附件，应注明打开方式，以免影响使用；如果附件过大，应分割成几个小文件分别发送。

（五）结尾

1. 不要只用一个签名档

对内、对外、对私、对熟悉的客户等群体的邮件往来，签名档应该进行简化。过于正式的签名档会让你与对方显得疏远。你可以在Outlook中设置多个签名档，灵活调用。

2. 签名档信息不宜过多

签名档可包括姓名、职务、公司、电话、传真、地址等信息，但信息不宜行数过多，一般不超过4行。你只需提供一些必要信息，如果对方需要更详细的信息，自然会与你联系。

3. 签名字体规格

签名档文字应选择与正文文字匹配的简体、繁体或英文，以免出现乱码。字号一般应选择比正文字号小一些。

（六）回复的技巧

及时回复E-mail。

有针对性地回复。

回复不得少于10个字。

要区分Reply和Reply All。如果只需要单独一个人知道的事，单独回复给他一个人就行了；如果你对发件人提出的要求做出结论响应，应该Reply All，让大家都知道；点击"回复全部"前，请三思而后行！

注意事项

一、简洁原则是电子邮件写作最重要的原则，在不影响完整性和礼貌性的前提下，尽量使用简单句子和简短词语。一封拖沓冗长、措辞复杂的电子邮件既浪费写作的时间，也会给阅读者带来不必要的麻烦，因此电子邮件应以简明扼要为第一要务。

二、电子邮件写完以后，要反复审核确保无误。细节决定成败，要留意标点符号是否正确。特别注意不要把人名写错，写错人名是极不尊重对方的一种表现。邮件中出现错别字会被认为是做事不认真，客户由此判断一个团队做事不认真。因此，一个有错别字的邮件可能导致几百万上千万订单的损失。反复检验校对，确保各方面都要准确无误才发送电子邮件，以免引起不必要的纠纷。

三、电子邮件内容应力求具体、明确、完整，提供读者所需要的信息，尤其是询问事务及具体执行等需要回函的电子邮件，更需要清楚完整，这样才能达到良好的沟通效果。邮件是否完整，可以用5W1H来检验，即who，when，where，what，why和how。

四、电子邮件应遵循措辞婉转、礼貌的原则。鉴于电子邮件直接影响到与客户合作的成败，客我双方应十分注重措辞方式，要婉转、礼貌，使对方易于接受。在写作电子邮件时，可以通过使用虚拟语气、委婉语气等方法迂回地表达观点，提出要求。

五、网络普及、沟通便捷，往往会让写作者忽视电子邮件应有的规范和格式，出现这样或那样的问题。然而准确规范的电子邮件，不仅能反映出写作者的文笔及业务水平，还可以体现出写作者为人处事的态度和风格，有助于建立良好关系，最终对促进公司业务起到重要的作用。因此，有必要熟悉电子邮件应有的规范和格式，遵循邮件的写作原则，养成良好的行文习惯。

选文参考

【选文1】

4月8日凌晨1:13,陆纯初发邮件给瑞贝卡,并抄送给相关高管。

Rebecca, I just told you not to assume or take things for granted on Tuesday and you locked me out of my office this evening when all my things are all still in the office because you assume I have my office key on my person.

With immediate effect, you do not leave the office until you have checked with all the managers you support–this is for the lunch hour as well as at end of day, OK?

参考译文:瑞贝卡,我星期二告诉过你,想东西、做事情不要想当然!结果今天晚上你就把我锁在门外,我要取的东西都还在办公室里。问题在于你认为我随身带了钥匙。

从现在起,无论是午餐时段还是晚上下班后,你要跟你服务的每一名经理都确认无事后才能离开办公室,明白了吗?

> **简评** 4月7日晚,EMC大中华区总裁陆纯初回办公室取东西,到门口发现自己忘记带钥匙。而此时他的秘书瑞贝卡已下班。陆试图联系未果,非常恼怒。在次日凌晨,陆通过内部电邮系统用英文发了一封措辞严厉的"指责邮件",告诫她下次要在确保其服务的主管无事后,方能离开。陆同时将这封邮件抄送给了公司的其他几位高管。

【选文2】

4月10日下午1:48,瑞贝卡致信陆纯初,并抄送EMC中国所有员工。

第一,我做这件事是完全正确的,我锁门是从安全角度上考虑的,北京这里不是没有丢过东西,如果一旦丢了东西,我无法承担这个责任。

第二,你有钥匙,你自己忘了带,还要说别人不对。造成这件事的主要原因都是你自己,不要把自己的错转移到别人的身上。

第三,你无权干涉和控制我的私人时间,我一天就8小时工作时间,请你记住中午和晚上下班后的时间都是私人的时间。

第四,从到EMC的第一天到现在为止,我工作尽职尽责,也加过很多次的班,我也没有任何怨言，但是如果你们要求我加班是为了工作以外的事情，我无法做到。

第五，虽然咱们是上下级的关系，也请你注重一下你说话的语气，这是做人最基本的礼貌问题。

第六，我要在这强调一下，我并没有猜想或者假定什么，因为我没有这个时间也没有这个必要。

> **简评** 4月10日，当事人瑞贝卡用中文致信陆纯初，并抄送EMC中国所有员工。4月11日开始，邮件被疯狂转发，并引起网络争论热潮。原美国易安信公司（简称EMC）职员瑞贝卡（Rebecca）无论如何也没有想到，她对老板一封指责邮件的回复，会引起如此轩然大波，并使她一夜成名，被网民封为"史上最牛女秘书"。你怎么看？

【选文3】

××经理：

您好！非常荣幸能够代表我公司与您联系。我是××公司的××（职位）张××（姓名），您感兴趣的产品报价及相关介绍，我以附件的形式发送给您，请您查收！谢谢！

如果邮件中有任何不清楚的地方，或者您需要我们提供任何帮助，请您联系我，电话：××××××××，手机号：××××××××××。

恭祝

商祺

张××
2022年11月18日

> **简评** 这是一封比较规范的商务信件。若对方不认识你，首先应当说明自己的身份，姓名或自己代表的企业名，以示对对方的尊重，点明身份应当简洁扼要，让收件人能够顺利地理解邮件来意。选文正文准确清晰的表达，语言谦和委婉，表达出合作的意向，解释附件的内容，客套而不失热情。

学而思

一、完成"任务导入"部分的写作内容。

二、谈谈你对下面这段话的理解。

你会很惊讶地发现在当今这个时代，一些管理者仍然没有意识到电子邮件的交流是多么重要，许多管理者不及时地回复电子邮件或根本不回复，或者回复邮件的时候并不是回答那些问到的问题。非常专业地处理电子邮件会使你成为一个更好的管理者，会使你的公司很有竞争力。

——Phillip Hunsaker《管理技能与方法》附录

学而思
参考答案

三、邮件奇事

1998年，亿贝（eBay）公司创始人皮埃尔·欧米迪亚想挑选一位优秀的CEO，公司为他列出了一个50人的候选名单，经过几番斟酌后，这份名单里只剩下5个人，这5个人都十分优秀，都有大公司多年工作经验，一时间，皮埃尔无法定夺。

一天，他坐在电脑前，突然间想了一个办法。他按照5个人简历上的电子邮件地址，给每人发了一封电子邮件。不到一个小时，其中一位便给他回了邮件，上面写着："请给我你的电话。"他把自己的电话写在邮件中，然后又发了过去。不一会，他的电话响了，里面传来一个温柔的声音，对他说："嗨，怎么回事，需要我帮助吗？"那一刻，他欣喜万分，直接亮明身份，并盛情邀请她担任公司CEO，她欣然同意。

其他4人怎么也想不明白自己为什么失败，便通过各种渠道打探失败原因，还是皮埃尔给出了解释，他说是因为那封电子邮件。他写的内容是："我是你的一个客户，我的卫生间漏水，能帮我吗？"结果只有她给我回了邮件，所以，我就选择了她。这个解释，听起来非常滑稽可笑，4个人都对此嗤之以鼻，他们均说看到了邮件，但他们都直接删除了，强调他们是每日忙得不可开交的公司高层人员，每天的工作都忙不完，这些鸡毛蒜皮的小事并不是他们管的事。

公司人员也感觉皮埃尔的选择有些鲁莽，劝他再考虑一下。可皮埃尔意志很坚定，他说："目前我们公司最紧迫的，是让更多的客户了解我们，来扩展我们的品牌，她能这样对待一个客户，我觉得她正是我们需要的人。"

事实证明，皮埃尔的选择十分正确。她上任后，大力倡导平等理念，在不大的办公室中工作，看起来与雇员并无区别，她每天都会在午休或是下班的时候，亲自阅读一百多封eBay用户电子邮件，帮助客户解决各种问题。她每月都要召集客户征集对公司的各种意见建议，并大刀阔斧地进行改革……

半年后，eBay公司在华尔街上市，公司实现质的飞跃，几年后，用户平台由她上任时的几千户，急速发展至1.5亿，单单在美国本土，就有超过50万人天天全职"泡"在eBay上谋生。到她离开时，亿贝已成长为一家拥有1.5万名员工、年营业额80亿美元的企业，并作为全球最大的在线电子商务网站跻身《财富》杂志世界500强企业。

她叫梅格·惠特曼，现任惠普总裁兼CEO，被誉为惠普的救赎者。

思考：电子邮件在给人们带来方便的同时，也带来了职场礼仪方面的新问题。虽然你有随时找到别人的能力，但这并不意味着你就应当这样做。结合上面的案例，谈谈你的感悟。

任务6

言之有理，成一家之言
——毕业论文

教学目标

知识目标
1. 了解毕业论文的含义、种类和特点
2. 掌握毕业论文的基本写作技巧和方法

能力目标
1. 能够根据自己的专业，结合实际情况，撰写毕业论文
2. 能够正确地遣词造句，修改自己的毕业论文
3. 能够合理地分析自己撰写的毕业论文的优缺点，并能根据要求提出合理的改进意见与方案

素质目标
1. 培养学生具体问题具体分析的素养
2. 培养学生的创新意识和创新精神
3. 培养学生的学术诚信精神

任务导入

因为大一、大二4个学期的英语考试一次都没及格，也没有通过大学英语四级考试，按照学校的规定，成都理工大学大四学生邵周成将拿不到毕业证和学位证。但用学位论文检测系统对其毕业论文《时空观与物理学》进行检测，结果显示，这篇长达7.8万字的论文与已有文献的重复率仅2%，且重复部分都有清楚的标示，而"研究生的论文能把重复率控制在10%以内就很不错了"。其论文内容亦被多位教授评为优秀，学校破例授予他学士学位。看了《中国青年报》说的这篇报道，陈小刚暗下决心要写出一篇优秀的毕业论文。校园求职招聘会举办之前搞定自己的论文写作，这是陈小刚近期的"小目标"，这也是学校教学中最后一个重要环节了。你能给陈小刚一些关于论文写作的建议吗？

知识百宝箱

一 文种介绍

（一）毕业论文的概念

毕业论文是高校毕业生毕业之际，在老师的指导下，运用所掌握的基础理论、专业知识和基础技能，解决本学科领域的某一具体问题，取得创造性的结果或者有了新见解，并以此为内容而撰写的文章。毕业论文是对学生在校期间基础知识、专业技能及知识综合运用能力的检验和深化，是对学生进行科研初步训练主要的、综合的形式，是高校教学中最后一个重要的教学环节。

（二）毕业论文的特点

学术性	学术性是毕业论文的本质属性。要求学生能对某一专业领域中繁杂凌乱的资料文献与理论研究状况进行分析、归纳；能够从中找出以往研究所存在的问题和不足，并能提出自己的想法与相应的对策。要体现一定的研究深度，具有一定的学术价值，而不同于一般的学习心得。
科学性	毕业论文讲究科学性，一方面，选题必须符合科学，研究内容准确，思维缜密，结构合乎逻辑。另一方面，知识和材料要具有科学性，材料的收集、整理、分类、取舍科学，写法讲究，结论可信。
规范性	论文写作具有一定的规范性。学生在老师的指导下，按照规定的程序完成毕业论文撰写的全过程。这个步骤包括立论、撰写开题报告、收集整理资料、写作初稿、修改定稿、打印装订、送审、答辩等，另外在篇幅、格式、文献、内容、装潢等方面都有规范性的要求。
创新性	这是毕业论文的价值所在。不抄袭，不照搬，不人云亦云，提倡创新，文章写得深刻、新颖，表达出作者独到的见解，而不是简单地重复、模仿、抄袭别人的著作成果。

（三）毕业论文的种类

根据学位等级的不同，毕业论文可分为学士学位论文、硕士学位论文和博士学位论文。

根据专业的内容和性质的不同，毕业论文可分为两大类：社会科学类毕业论文和自然科学类毕业论文。

根据研究方法的不同，毕业论文可分为理论性论文、实验性论文、描述性论文和设计性论文。

根据议论的性质不同，毕业论文可分为立论文和驳论文。

按照研究问题的大小，毕业论文可分为宏观论文和微观论文。

按照综合型方法分类，毕业论文可分为专题型、论辩型、描述型和综述型类。

二 文种写作技巧和方法

毕业论文一般由以下几个部分组成。

（一）封面

首页为毕业论文封面，封面有固定的封面样式。一般包括"××大学毕业论文"标识、论文的题目、作者信息、指导教师信息、专业、学位方向、论文完成时间等。

（二）摘要和关键词

论文摘要应阐释论文的主要观点，其内容涉及毕业论文写作的目的、结论及意义，突出具有创造性的成果和新见解。应该具有一定的独立性，即不阅读论文全文，也能获得必要的信息。摘要的字数在200～500字。关键词是能反映论文主旨关键的词句，一般是3～5个。

（三）目录

目录既是论文的提纲，也是论文组成部分的小标题。目录由序号、名称和页码组成，要体现出各部分之间的逻辑关系。

（四）正文

正文一般包括前言、论文主体、结论。文字数要求不少于5000字。

前言：即选题背景。说明本论文课题的来源、目的、意义、应解决的主要问题和指导思想。

论文主体：包括论点（提出问题）、论据（分析问题）、论证过程（解决问题）。

结论：对整个研究工作进行归纳和综合，阐述本课题研究中存在的问题及进一步开展研究的见解和建议。

（五）致谢

对于在毕业论文写作过程中提出建议、提供便利或者协助完成部分写作内容的组织和个人，给予充分的肯定，并且表达感谢。要求言辞恳切恰当，实事求是。

(六)参考文献

参考文献是指在论文中使用过或者参考过的论文、著作等,是评定毕业论文作者的研究状况和水平的重要依据。严格按照规范填写,不要漏写或者错写,所参考文献资料要与论文课题相关。

注意事项

一、毕业论文的选题很重要。选题是论文撰写成败的关键,是毕业论文撰写的第一步,它实际上就是确定"写什么"的问题,亦即确定科学研究的方向。一方面要坚持选择有科学价值和现实意义的课题,另一方面,也要根据自己的能力选择切实可行的课题。

二、在查找、收集资料的过程中,要学会筛选资料,并且要做好记录。

三、在广泛占有资料、分析资料的基础上,确立基本论点和分论点。提出的观点要突出创见性,同时还要防止贪大求全的倾向。

四、好文章是改出来的,文章不厌千遍改。

选文参考

【选文1】

基于任务驱动下的高职院校应用文写作教学探究

陈永蓉

(云南能源职业技术学院　云南　曲靖　655001)

【摘要】应用文写作是高职学生必备的技能,但因为应用文的学习比较枯燥,加之教学手段传统单调,应用文教学很难取得成效。本篇在分析传统教学方法弊端的基础上,结合云南能源职业技术学院的教学实践,提出在任务驱动的背景之下如何有效地进行应用文写作教学。

【关键词】高职　应用文写作　任务教学法

由于应用文写作在社会生活中的作用日益广泛，越来越多的人认识到其重要性。对于即将走入社会的高职学生，应用文写作能力更是必备的技能，应用文写作教学成为高职院校语文教学的重点。但在实际教学中，应用文因其本身枯燥、趣味性不足的特点，加之教学方法传统、单调，学生觉得无趣，教师觉得难教，教学效果并不明显。在近年来课程改革的背景之下，××学院摒弃了传统的教学模式，尝试以任务教学法，将应用文写作由理论的讲解变成在实际任务中的写作实践，取得了良好的教学效果。

一、传统的应用文教学存在的问题

传统的应用文教学比较呆板，缺乏创新，按部就班的模式往往让老师教得枯燥，学生学得乏味，教学效果难以令人满意。在应用文写作中，学生常出现文种混淆不清，语言表达不准确，语体风格不当，结构混乱不清，格式不规范等不良现象。这既有教师"教"的问题，也有学生"学"的问题。

（一）"教"的问题

1. 教学方法刻板单一

长期以来，对应用文的教学基本上是非常传统的理论讲授加上学生写作训练。名为学练结合实则学练分离，理论讲授和实际应用往往脱节，而且千篇一律的教学模式也容易让老师疲惫，学生倦怠。教学方法缺乏创新，使得应用文教学很难有所作为。

2. 教师自身的写作训练较少

对于多数教师而言，应用文的写作经验甚少，除了生活、工作中常常用到的文种，写作应用文的机会比较少。比如公文，如果不是兼做行政工作的老师，几乎没有写过。实践经验的不足导致在指导学生的过程中难免纸上谈兵，空说理论，难以提供有针对性、有实用价值的帮助。

3. 没有为学生提供具体的写作情境

很多应用文的写作往往是虚拟的，缺乏具体的情境，学生难免生搬硬套，为完成任务而完成任务，写完以后难有实质性的收获。比如总结的写作，五十个同学就有可能假设出五十种不同的写作情境，虽然也可以达到训练学生的目的，但这种不扎根于真实场景中的写作往往流于形式。

（二）"学"的问题

1. 学生对应用文的认识不足

很多学生并未真正意识到应用文在学习、工作中的重要性，对其重视程度不够，认为学之无用，学之无味。认识上的偏差导致学生在应用文学习中兴趣不足，畏难情绪重，努力程度不够。

2. 阅读量严重不足

阅读是提高写作能力的重要途径，对于应用文写作而言，应该有足够量的应用文阅读作为基础。但学生往往忽略应用文的阅读，缺少了阅读积累，光靠一些空洞的理论指导，写作时自然觉得难以下笔。

3. 对网络的依赖性大

如今，网络给人们带来了便利，但同时也使人产生了惰性和依赖性。学生每做作业必"百度"，长此以往，几乎已经不会自己组织语言了。而应用文的任何文种，都可以轻易在网络上找到相关的例文。因此，学生的作业很容易变成一堆没有思考，徒有其形的文字。

二、基于任务驱动下的应用文写作探索与实践

要使应用文教学取得良好的教学效果，首先就要在教学方法上下功夫。"任务驱动教学法"是基于建构主义学习理论的一种教学方法。它强调学生要在真实情境的任务驱动下，在探究完成任务或解决问题的过程中，在自主和协作的环境中，在讨论和会话的氛围中进行学习活动。学生在这个过程中既学到了知识，又培养了动手实践能力。课程设计了多个活动，分别是社会调查活动、新闻采编活动、科学研究与科学实践活动以及会议组织活动，在完成活动任务的过程中，学生将完成计划、总结、开题报告、调查报告等二十余个文种的写作。新的教学方法，使老师和学生都产生了角色的转变，教与学，变得更加灵动而有成效。

（一）任务驱动下的教师教学模式

1. 设计任务，搭建平台

教师作为任务的设计者和指导者，对学生的学习成效起着至关重要的作用。在几个大任务的基础上，教师根据学生实际，结合教学内容，设计每一个细小的任务，帮助并指导学生以小组为单位进行实践。将任务细化后，学生每个星期都有相应的工作要完成。以"社会调查活动"为例，教师布置任务，安排步骤，指导学生制定活动方案，自主选择调查课题，写作开题报告，进行开题论证，自主制作问卷、访谈提纲，对调查结果进行分析综合，最后完成调查报告和总结。在整个活动中，教师的角色是引导者，应用文的学习和写作，就在整个任务的实施过程中完成。而在任务驱动下的应用文写作，有了具体的情境，学生更容易投入其中，从而取得良好的效果。

2. 让学生成为学习的主体

学生在完成任务的过程中，始终处于主体地位，而教师则是学习情境的创设、学习任务的设计者、学习资源的提供者。学生根据任务，以小组为单位进行自主学习和协作学习。比如应用文的基础理论，完全可以依靠学生的自主学习、合作探究来完成，教师

要做的，是预见并提示学生在写作中可能出现的问题并帮助其解决，引导学生更多地了解应用文的写作思维方法和技巧。比如总结的写作，可先略去写作理论不说，让学生根据活动实际进行讨论，归纳出活动中的体会、收获及存在的不足。待学生将这些讨论的内容逐条列出，一份总结的提纲就已经完成，教师再在此基础上进行理论的简单讲解，学生就基本能掌握总结的写作方法。

3．注重课后指导，帮助学生解决活动及写作中的困难

只靠课堂上的有限时间对于提高学生的应用文写作水平是远远不够的，学生在课下需要做大量的工作，在完成应用文写作任务的过程中，难免会遇到许多实际的困难。因此，教师在课后的指导就显得非常重要。学生经过了思考、尝试和实践，在这一阶段提出的问题，往往都是具体而微的，而教师在这一基础给他们提供指导，会取得更好的效果。

（二）任务驱动之下的学生学习模式

任务驱动下的应用文学习改变了教师传统的"传授者"的角色，同时也改变了学生的学习模式和心态。学生有了具体的场景依托，有了具体的任务要完成，有了学习的动力与压力。在与小组成员的协作中，还锻炼了自己多方面的能力。在写作中，学生固然还有网络可以依赖，但每个小组都有自己实际的情况，完全依靠网上的资料是不可能的，这样，大大降低了学生为完成任务而大量复制粘贴的不良行为。同时，为完成好写作任务，学生必然要加大应用文阅读量，从中学习借鉴，这对提高学生的自学及阅读能力大有裨益。

结束语：在高职应用文教学中应用"任务驱动教学法"，最显著的特点是使得教学真正以学生为主体，改变了以往"教师讲，学生听"以教定学的被动学习模式，创造成了以学定教，学生主动参与自主协作的新型教学模式，既很好地调动了学生学习应用文写作的积极性，又提高了教师的教学效率和教学效果。

参考文献：略

> **简评** 这篇论文的写作较为典型。文章开头先是提出问题，然后深入分析探讨造成现状的原因，进一步又提出了解决的方案。论文紧紧围绕着选题而展开，结构完整，逻辑严密，观点明确，语言流畅，是一篇不错的论文。

思政点滴

优化学术诚信环境，树立良好学风。坚持道德自律和制度规范并举，建设集教育、防范、监督、惩治于一体的学术诚信体系。完善科研机构学术道德和学风监督机制，实行严格的科研信用制度，建立学术诚信档案，加大对学术不端行为的查处力度，将严重学术不端行为向社会公布，并在项目申报、职位晋升、奖励评定等方面采取限制措施。教育引导科技工作者强化诚信自律，严守学术道德，不准在科学研究中弄虚作假，严禁计算、试验等数据资料造假；不准以任何形式抄袭盗用他人的论文等科研成果；不准为追求论文发表数量和引用量粗制滥造、投机取巧；不准利用中介机构或其他第三方代写或变相代写论文，或通过金钱交易在国内外刊物上发表论文；不准违反有关规定，在论文、科研项目、奖励、人才评价等学术评审中拉关系、送人情，亵渎学术尊严。广泛开展学术道德和学风建设宣讲工作，引导科技工作者严谨治学、诚实做人，秉持奉献、创新、求实、协作的科学精神，在践行社会主义核心价值观、引领社会良好风尚中率先垂范。

——《国务院办公厅关于优化学术环境的指导意见》

（国办发〔2015〕94号）

简评 长期以来，高等学校广大教学科研人员坚持理论联系实际，为人师表、严谨治学、潜心研究、献身科学、积极进取、锐意创新，体现了崇高师德，树立了良好学术风气，为教学科研事业做出了重要贡献。但发生在少数人身上的学术不端行为，败坏了学术风气，损害了学校和教师队伍形象，必须采取切实措施加以解决，绝不姑息。高等学校对下列学术不端行为，必须进行严肃处理：（一）抄袭、剽窃、侵吞他人学术成果；（二）篡改他人学术成果；（三）伪造或者篡改数据、文献，捏造事实；（四）伪造注释；（五）未参加创作，在他人学术成果上署名；（六）未经他人许可，不当使用他人署名；（七）其他学术不端行为。

任务7

人无我有，人有我优
——竞聘辞

教学目标

知识目标
1. 了解竞聘辞的概念、特点、分类
2. 掌握竞聘辞的写作结构
3. 掌握竞聘辞主体部分的写作：竞选优势和工作思路
4. 掌握竞聘辞的基本写作技巧和方法

能力目标
1. 能够根据实际情况，撰写出竞聘辞
2. 能够合理地分析所撰写的竞聘辞的优缺点
3. 能够根据要求对所撰写的竞聘辞提出合理的改进意见与方案

素质目标
1. 培养学生公平竞争的意识，增强就业的危机意识
2. 培养学生正确地面对挫折的品格
3. 培养学生诚实守信、不断进取向上的积极人生观

任务导入

陈小刚所在的实习公司要为每个部门增设一个"信息联络员"的岗位，公司领导鼓励所有员工包括实习人员，以演讲的方式来竞聘这个岗位。小刚也想试一试，根据竞聘要求，每个参加竞选的人要准备三分钟的演讲，通过演讲来展示自己的实力，争取大家的支持。大学毕业生走向社会，不仅要具备一定的专业知识和技能，同时，也要具备一定的社会交往能力，能够在特定的场合，面向听众表达自己的观点，展现自己的魅力！所以有着学生会主席经历的陈小刚是信心满满，来看看他是如何竞聘的吧！

知识百宝箱

一 文种介绍

（一）竞聘辞的概念

竞聘、竞选是现代社会选拔人才的重要途径和手段。竞聘辞，也称竞聘演讲、竞职演讲，是为竞争上岗或应聘新的职位而准备的演讲。竞聘辞就是竞聘者在竞聘演讲之前写成的准备用作演讲的文稿。是竞聘者为了竞争某岗位或职位向领导、评委和听众展示自己优势条件，介绍自己假如受聘之施政方略的演讲稿。

随着我国人事制度的改革，"公开、平等、竞争、择优"成为选拔人才的一条重要原则。在公开招聘人才的过程中，竞聘辞发挥着极其重要的作用。它既是竞聘者对自身素质的评价，也是人事部门和群众了解竞聘者情况的渠道，它既有利于竞聘者自身素质的提高，也为择优选聘提供了依据。

（二）竞聘辞的特点

自评自荐性　　竞聘辞里会介绍自己参与竞聘的缘由，评价自己的经历、能力、性格，阐释自己竞聘的优势，自我推介的特征明显。

目标指向性　　竞聘辞从主旨、材料到竞聘的心态，都为实现成功竞聘服务，表达志在被聘的意愿。有经验的竞聘者会客观地分析自己的优劣势所在，不回避问题，并机智地变劣势为优势，为成功应聘增加筹码。

期冀认同性　　竞聘者为了竞争某岗位或职位，会向领导、评委和听众展示自己优势条件，阐释自己竞聘成功之后的施政方略，期冀自己的这些施政方略能够得到听众的认同与支持。

（三）竞聘辞的种类

1. 技术岗位竞聘辞

竞聘的岗位技术含量高。表述自己的技术能力、推进技术工作的方略。

2. 行政职务岗位竞聘辞

竞聘的岗位属于行政岗位。表述自己的行政能力、施政方略。

二 文种写作技巧和方法

一般来讲，竞聘辞包括标题、称呼和正文三个部分。

（一）标题

竞聘辞的标题通常有两种写法：

文种式标题，如《竞聘学生会主席的演讲》。

文章式标题，如《低调做事，高调做人——办公室主任的竞聘演讲辞》。

（二）称呼

根据竞聘演讲面向的对象和内容决定称呼，称呼要得体。比如习近平主席在纪念抗战胜利70周年大会上演讲的称呼是"全国同胞们，尊敬的各位国家元首、政府首脑和联合国等国际组织代表，尊敬的各位来宾，全体受阅将士们，女士们、先生们、朋友们"；钱其琛在中国人民大学外交学院2002级新生演讲时的称呼语是"年轻的同行们"；曲啸应邀到沈阳某监狱给犯人们作演讲，开场白的称呼语是"触犯了国家法律的年轻的朋友们"。

（三）正文

竞聘辞的正文包括开头、主体和结尾三部分。基本上符合"凤头、猪肚、豹尾"的传统结构原则。

1. 开头

开头也叫引言，就是常说的开场白。这一部分一般要介绍自己和说明竞争的目标。要求简洁、明确、干净、利落。竞聘演讲的时间是有限的，因此，精彩而有力的开头便显得非常重要。篇幅不必太长，要像"凤头"那样小巧而优美，有吸引力。有经验的竞聘者常用下面的方法来开头：

（1）用诚挚的心情表达自己的谢意。这种方法能使竞聘者和听众产生心理相融的效果。例如，我非常感谢各位领导、同志们给了我这次竞聘的机会。

（2）概述主要内容。这种方法能使评选者一开始就明了竞聘演讲的主旨。例如，我今天的演讲内容主要分两部分：一是我竞聘××的优势；二是谈谈做好××的工作思路。

2. 主体

主体是竞聘演讲的核心。其内容一般由以下几方面组成：

（1）介绍简历，这是应聘的基本条件，包括年龄、学历、政治素质、业务能力和工作态度等。介绍这些情况要有针对性，即针对竞聘的岗位来介绍上述情况，不必面面俱到，根据竞聘职务有所取舍。

（2）岗位认识。包括岗位的职能、职权、工作范围、权利义务等。

（3）评价条件。竞聘者要尽可能地展示自己的长处，不必谦虚，要有理直气壮、当仁不让的气魄。同时，对于自己的不足之处，也要实事求是地介绍，不能遮遮掩掩或者闭口不言，这样可以增强信任感。

（4）实施方略和目标。这部分提出假如竞聘成功之后的施政目标、构想和措施，可根据竞聘岗位之需要，灵活加以发挥。这部分的阐释针对性要强，思路要开阔，要充分显示自己的工作能力与胆识气魄。

（5）表达决心。此部分不宜太多，点到即可。也可以意尽而言止。

3. 结尾

在结尾部分要明确表示竞聘的态度，要求贴切、自然、真诚、可信，简短有力。好的结束语能加深评选者对竞聘者的良好印象，从而有利于竞聘成功。

（1）表明对竞聘成败的态度。这种方法能使评选者感受到竞聘者的坦诚。例如，作为这次竞聘上岗的积极参与者，我希望在竞争中获得成功。但是，我绝不会回避失败。不管最后结果如何，我都将"堂堂正正做人，兢兢业业做事"。

（2）表达自己对竞聘上岗的信心。例如，我今天的演讲虽然是毛遂自荐，但不是王婆卖瓜，自卖自夸。我只是想向各位领导展示一个真实的我。我相信，凭着我的政治素质，我的爱岗敬业、脚踏实地的精神，我的工作热情，我的管理经验，我一定能把某岗位的工作做好。

（3）希望得到评选者的支持。例如，各位领导、各位评委，请相信我，投我一票！我将是××岗位的一位合格人选。

🔊 注意事项

一、竞聘辞的长短可根据招聘岗位限定的时间而定，一般不宜过长，大致要求是3~5分钟，稿件写800~1000字即可。

二、竞聘过程中要突出自己的优势。所谓优势即"人无我有、人有我优"的与众不同的能力。阐述好对竞选岗位的认识，独到深入地表述对竞选岗位的职能、职权、工作范围等的认识。表述对竞聘岗位的理解、独到的认识，切忌信口开河施政目标、构想和措施。语言要诚挚、朴实，力求口语化。

三、竞聘演讲时对语言和体态语也有一定的要求。吐字清晰、语句连贯、语速适中，根据内容适当变化语速、音量和语气，并且辅助以适当的态势语，符合个性，合乎礼仪。

选文参考

【选文1】

竞聘辞

各位领导、各位同仁：

大家好！决定参加这次竞聘前，也曾度德量力，思虑再三，而且我的处世哲学就是不与世人争。今天，我之所以参加这次竞聘演讲，是因为一方面，表明我对站长推行领导岗位竞聘上岗机制的拥护和信任；另一方面，通过这次竞聘，锻炼自己的能力、展现自己的才华并借此机会和大家交流思想，同时，准备让人评价优劣长短，接受站长和大家对我的挑选。我相信，通过这次竞聘活动，必将使我站下一步的竞聘上岗机制呈现一个良好的开端。

首先，简单介绍一下自己的经历。1991年考入××学校，1993年毕业分配到××厂工作，1994年考入××站工作，1995年考入××班，1997年毕业后回××站工作。1998年至2000年停薪留职在××公司工作。2000年被组织派往上海进行为期8个月的社教活动。2001年任通信科科长，2003年任政秘科科长，2010年10月到武汉××学院参加全国通信站站长的通信业务培训班。现负责通信科工作。

其次，竞聘副站长这个职位，我认为自己具有以下几个方面的有利条件。

我第一个有利条件是我具有正直的人品、良好的修养以及完善的工作作风。作为领导，必须先做好人。一个领导无能，最多是件次品，而一个品德不好的领导，则是危险品。我在为人上，胸怀坦荡，公道正派，善解人意，与人为善，不搞小动作，这么多年来没有和任何人当面红过脸，背后搞过人。始终认为："沉默是金，忍让是银，帮人是德，吃亏是福。"

在个人修养上，认为一个人的高尚情操和修养不是凭空与生俱来的，而是经过不断学习，修炼培养而来的，所以，平时我只要有空在不影响工作的前提下，读书，习字画，从不让一日闲过，努力使自己成为一个有高尚情操有修养的人。在工作作风中，能吃苦耐劳，认真负责。别人不愿做的事我做，要求别人做到的事，自己首先做到。从不揽功诿过，假公济私，与人争名利。领导布置的工作总是尽力去做，从不无故推诿。2001年新婚后一周，即被领导派往肥西搞社教活动，没说一句怨言。

我第二个有利条件是我具有较全面的组织、协调工作的素质和能力。识大体，顾大局，处理问题较为周全，工作认真负责。具有团结同志，正确处理与领导和其他同志的关系的素养；做工作，办事情，能够做到思路清晰，行止有度，头绪分明，恰到好处。在××开展社教活动时，一个人负责有几千人的一个大村，在各种复杂的情况下，独自一人组织完成了从宣传动员，查对财目，公开选举到组建新的村班子的各项艰巨任务，受到当地群众的热烈欢迎和领导的表扬。在通信科、政秘科、公司工作期间，也都能较好地处理协调好与上下左右的关系，没有出现过大失误。

我第三个有利条件是熟悉各科具体业务和具有一定的通信专业知识。十几年来从通信科到政秘科，从政秘科到公司都负责过工作，各部门业务和人员都比较熟悉，而且都能应对自如。我在通院学的专业是人防通信指挥，并参加了2010年全国人防通信站长培训班，在平时工作中也积累了不少政秘、通信等专业知识，具有通信站干部必须具有的专业知识和素质。在这次2010年全省单边带电台演练中，我专业地、有条不紊地指挥了整个网上演练，顺利地完成了这次演练任务。

我第四个有利条件是具有较好的文字综合能力。

诚然人无完人，在肯定有利条件的同时，我也清醒地认识到自己存在一些不足之处：与领导、大家交心、交流思想不够。有时工作缺乏主动性，谨慎有余，泼辣不够。不过我有信心，在同志们的帮助下，我会在以后的工作实践中不断克服自身的不足。

对所竞聘岗位的认识和上岗后的设想：

一、作为副职，必须了解正职的主要工作思路和目标，我理想概括为24个字"搞好服务，稳定大局，内强素质，外树形象，开拓发展，自强不息"。具体为以下几点：

（1）全面可靠地保障省人防办通信的畅通无阻，为机关搞好服务。通信站的天职是服务，本质是服务，体现的价值也是服务。目前重点任务就是抓好话务、电台、环境卫生，指挥所指挥大厅和窗口服务质量和水平。

（2）不断开拓通信站的生存空间和发展空间，"发展是硬道理"，通信站只有发展了，所做的贡献大了，才能更好地体现通信站的生存价值和个人价值，同时才能更好地解决目前站里事少人多的局面。站长目前的网站建设以及向地下指挥所要项目等都是为此目的而做的努力。

（3）利用一切手段、渠道、机会加大培训力度，提升人才培养层次，全面提高全体人员的综合素质，以适应不断更新的通信手段和通信站发展中所需的人才。

（4）拓宽各种渠道，采取多种形式，调动各方面的积极性，增加收入，以满足站里工作以及全站人员不断增长的物质文化需要。

（5）建立和规范一系列规章制度，通过对财务、文档统计、房屋租赁、考勤、执勤、设备维护、采购等一系列规章制度的建立和规范，使工作规范有序，做事有章可循。

（6）建立和完善各种竞争、淘汰聘用等用人机制。尺有所短、寸有所长，充分发挥各人的特长，从而使我站人人有岗位、人人有事做，机构健全，人岗适宜，定位准确。

作为副手，一切都要以站长的工作思路和目标为中心开展做好自己的工作。

二、摆正位置，做好配角、当好参谋。

副职的主要职责，对站里的全面工作，要尽其所有，收集各种信息供站长参考，向站长提供各种建议和主张，帮助站长顺利做出决策，其次，要有统筹兼顾的思想，当好站里的协调人，使做出的决策能符合大多数人的意愿。当站长出席外务活动时，自己要坚守内部事务，当站长转向内部事务时，自己则承担对外的交涉，弥补站长所不能的面面俱到，当站长因工作需要回避责任时，自己则要站出来承担恶名，自觉维护一把手的形象。总而言之，要做到尽职不越权，帮忙不添乱，补台不拆台。

三、天时不如地利，地利不如人和，家和万事兴。只有团结，工作才能形成合力。平时工作难免有产生误解、矛盾和磕磕绊绊的事。所以要协助站长拓宽和疏通民主渠道，遇事和大家商量，虚心真诚地听取群众意见，兼听则明，偏听则暗，做好领导和群众，群众和群众之间的协调人，多和大家交心，交朋友，一碗水端平，努力营造一个相互信任、相互帮助、相互理解的人际关系，和谐的工作环境，一个"既有民主，又有高度集中，又有个人心情舒畅"的工作氛围。

四、上岗后要以服务为目的，不以争取为目的，我始终认为当领导就意味着要吃苦在前，享乐在后，只有奉献，不能索取，不能有任何私心杂念，要想群众之所想，急群众之所急，公正廉明，经常和群众换位，想想群众的感受，事关群众个人切身利益问题上，多为群众争取，尽量让给群众。同时用自己的人格魅力，做好表率作用。孔子在《论语》中就有"其身正，不令而行；其身不正，虽令不从"。这句话就是告诫领导者必须培养正气，以身示范。我的座右铭就是："律己足以服人，量宽足以得人，身先足以率人"。

最后，我表个态，如果领导和大家把我推上这个岗位，我将珍惜这个机会，用心、用情、用良心干好工作。反之，不能上岗，我将一如既往在以后的岗位上尽心、尽力、尽职、尽责。无论结果如何，我都始终会"老老实实做人，扎扎实实做事"。言必行，行必果。

谢谢大家！

> **简评**
>
> 这则竞聘辞写作较为规范。简单介绍自己之后，旗帜鲜明地摆出自己的四个优点，谈了自己对所竞聘岗位的认识和上岗后的设想。竞聘者在竞聘前，要充分了解招聘单位和应聘岗位的情况，只有明确岗位职责，才能有的放矢地提出该岗位的工作目标、施政设想和打算。选文在这方面的表述值得借鉴。

学而思

一、应用文写作课程每个班要划分六个小组,每个小组设组长一名,来带领团队成员共同完成广告拍摄这个集体任务,平时则组织团队成员共同学习、交流和进步,你愿意来竞聘这个小组长的职务吗?试着来写一下竞聘辞。

学而思
参考答案

二、林肯曾说过:"即使是有实力的人,若缺乏周全的准备,也无法做到有系统、有条理地演说。"竞聘也是如此,需要充分的准备。"台上十分钟,台下十年功"。准备充分才能做到心里不慌。一份优秀的竞聘演讲稿要做到自信而不妄自尊大,自谦而不妄自菲薄,以诚恳热情的语言感染听众,充分展示自身的才能。谈一谈,你是如何准备你的竞聘的?

三、中央电视台《对话》节目《全球大调查问卷》中调查了这样一个问题:"您认为在未来十年中,最有竞争力、最有希望成功的人应具备哪些素质",令人惊奇的是,有26位商界巨子不约而同地选择了交流沟通能力、公关能力等与口才表达密切相关的词汇。你是怎么看待这一问题的,谈谈你的看法。

任务8

没有调查就没有发言权
——调查报告

教学目标

知识目标
1. 了解调查报告的概念、特点、分类
2. 掌握调查报告的写作结构
3. 掌握调查报告主体部分的写作方法
4. 掌握调查报告的基本写作方法和写作技巧

能力目标
1. 能够根据实际情况恰当地运用调查报告这一文种
2. 能够合理地分析所撰拟的调查报告的优缺点
3. 能够根据要求提出合理的改进意见与方案

素质目标
1. 培养学生见微知著的职业敏感性
2. 培养学生实事求是的职业品格
3. 培养学生深入分析问题、解决问题的意识
4. 培养学生严谨自律、科学乐观的人生态度

任务导入

最近一段时间,陈小刚和他的同学一样,都在为学校的求职招聘会而奔波忙碌着。有一部分同学正在积极准备求职的面试,有一部分同学已经下定决心准备和用人单位签约了,还有一部分同学想要专升本、考研……辅导员老师让陈小刚帮忙做一个统计,看看今年毕业生的就业情况如何,大学生就业形势是否依然严峻,毕业生就业率达多少,与去年同期相比如何,学校是否要出台有关政策来指导、鼓励学生就业,等等,诸如此类的问题。陈小刚开始设计问卷,并且着手做这项调查,最终圆满完成任务,给辅导员老师出具了一份《毕业生就业情况调查报告》。

知识百宝箱

一 文种介绍

（一）调查报告的概念

调查报告也叫调查研究报告，因为它不仅是调查的产物，也是研究的产物，是依据一定的目的，对某项工作、某个事件、某个问题，经过深入细致的调查后，将调查中收集到的材料加以系统整理、分析研究后所形成的书面材料。简而言之，调查报告就是根据调查的结果写成的书面报告。考察报告、调研报告或者××调查等都是常见的调查报告体裁。

调查报告有两个构成要素：一是调查，二是报告。调查是报告的基础和依据，报告是调查情况的反映；调查是报告的前提和条件，报告是调查的结果。也就是说，调查是前提，研究是关键，报告是结果。

（二）调查报告的特点

写实性　这是调查报告首要的、最大的特点。任何调查报告的目的都是为了了解客观实际，发现问题，解决问题，掌握规律。调查报告的生命在于用事实说话，材料的真实和准确是首要的。充分了解实情和全面掌握真实可靠的素材是写好调查报告的基础。因此，撰写调查报告必须深入调查，对材料的真实性要反复核实，在占有大量现实和历史资料的基础上，用叙述性的语言，实事求是地反映某一客观事物。调查报告不允许虚构、渲染、夸张和想象，语言表达要求朴实。

针对性　一般来说，一项调查研究工作，特别是大型的调查研究，需要花费大量的时间、人力和物力，因此调查研究工作一般是针对当前较为迫切的实际情况或实际问题，具有很强的针对性，由此调查报告反映的问题集中而有深度。其写作上就要求做到中心突出，明确提出所针对的问题，分析出问题的症结所在，提出具体可行的建议和对策。

典型性　所谓典型，就是要有代表性，能够反映客观事物的全貌和本质。调查报告中所揭示的问题是否具有普遍性，所运用的材料是否具有代表性，是调查报告写作成败的关键。因此，必须恰当地选择典型性的材料，深入研究，探索总结规律，找出解决问题的办法。

逻辑性　调查报告离不开大量的翔实的资料，但它又不是材料的机械堆砌，而是需要对核实无误的数据和事实进行严密的逻辑论证，来探究事物发生、发展及其变化的原因，预测事物可能发展变化的趋势，进而揭示出本质性和规律性的东西，得出科学的结论。由调查材料所得出的结论，必须具有说服力，把被调查的问题完整地、系统地交代清楚，这样才能成为科学决策的可靠资料。

（三）调查报告的种类

1. 典型经验调查报告

这类调查报告主要是通过分析典型事例，反映先进单位或先进个人的典型经验，总结工作中出现的新经验，从而指导和推动某方面工作的一种调查报告，具有较强的示范引领作用，如《关于×××同志先进事迹的调查报告》。这类调查报告的内容一般包括调查目的、情况和经验以及推广经验的意义。

2. 综合分析调查报告

这类调查报告是就一个单位的多方面情况进行较全面的调查，或围绕一个问题进行多方面的普遍调查，或就某个问题对许多单位进行广泛调查，然后加以综合分析的报告。综合分析调查报告的内容一般包括调查目的、概况，重点问题综合分析，提出建议等。如《2022年国内旅游抽样调查综合分析报告》《××学校食堂就餐情况调查报告》等。

3. 揭露问题调查报告

这类调查报告是对现实社会中某些丑恶现象、不良行径和社会弊端进行揭露，指出问题的严重性，判明问题的原因和性质，指出其所造成的危害，并提出解决问题的途径和建议，以引起有关部门及社会的关注和重视。基本内容除列举事实外，还要分析原因，说明严重后果。如《关于"三鹿"奶粉事件的调查报告》《行政处罚听证制度缺陷问题调研报告》等。

4. 探讨研究调查报告

这类调查报告主要是针对某一领域或某一方面工作中存在的带有普遍性影响的社会矛盾或问题的具体表现，透彻分析其产生的原因，提出解决这些矛盾和问题的意见、建议设想、措施等，为问题的最后处理提供依据，也为各级领导机关或有关部门制定决策和加强管理提供依据和参考。如《关于农业社会服务化体系情况的调查报告》《关于课外阅读对学生身心健康影响的调查报告》。

5. 介绍新生事物调查报告

这类调查报告的主要内容是反映现实生活中涌现出来的新生事物，以及新生事物的产生背景、情况、特点和产生发展的过程，并揭示它成长的规律，阐明它的作用和意义，借以促进新生事物的成长和推广。比如《关于发展低碳经济问题研究的调研报告》《关于"双十一"大学生网购情况调查报告》等。

二 文种写作技巧和方法

调查报告的格式一般由标题、正文和落款三部分构成。

（一）标题

调查报告的标题有单标题和双标题两种形式。

1. 单标题

一般有两种写法：一种是公文式，通常由"事由+文种"组成。如《关于当前线上线下混合式课改的调查报告》《关于大学生择业心态的调查》等标题。另一种是文章式，通常由调查报告的基本内容概括而成。这种形式比较灵活。如《亏损，是怎样造成的》《"问题少年"的出现，原因何在》等标题。绝大多数调查报告的标题采用第一种方法。

2. 双标题

由正题和副题组成，正题突出主题，副题写明调查对象和内容及文体名称。如《在理想与现实之间——关于当代大学生未来理想职业的调查》《远山的呼唤——关于土家族聚居的樟木村人口素质调查》等标题。

（二）正文

调查报告的正文一般分为导语、主体和结尾三部分。

1. 导语

导语部分写明调查背景、目的、根据等，其内容要高度概括，提纲挈领，简明扼要，紧扣主题。这部分侧重概括说明调查的目的、对象、经过、时间、方法、范围、结果和意义等。其目的是便于读者了解整个调查报告的概况和基本内容。

2. 主体

这是调查报告的核心部分。主要内容包括作者所要报告的调查事实、作者的观点或调查结论。能否写好这部分，是调查报告写作成败的关键。为此，主体部分要用典型的事例和确凿的数据，介绍调查对象的情况、经验、问题，以及问题产生的原因和解决的对策。总体而言，主体部分一般包含两部分内容，一是通过调查所获得的真实情况；二是分析原因，发现规律，提出观点或者建议措施。在写作上要条理清楚，结构合理。

具体而言，反映基本情况的调查报告，多采用"情况—成果—问题—建议"的层次框架；介绍经验的调查报告，多采用"成果—具体做法—经验"的层次框架；揭露问题的调查报告，多采用"问题—原因—意见或建议"这样的层次框架……具体写作过程中，可以根据实际情况，采用适合的层次结构框架。

主体部分根据逻辑关系安排材料，其结构形式多种多样，常见的有如下几种：

（1）横式结构，也叫并列式。即按主要经验或问题及各部分之间的逻辑关系安排层次。总结经验和反映、分析情况的调查报告常常采用这种结构形式。这种结构常用于内容庞杂、涉及面广的事物。这样使调查报告显得观点明确，条理清晰，论据充分。但这种写法易产生的问题是作者把收集到的材料，一二三四、甲乙丙丁全部列出，有堆砌材料之嫌。

（2）纵式结构。即按照事件发生、发展的时间顺序，或者按照事物发展的阶段性，抑或是按照事物的进程来叙述和议论。这种纵式结构符合人们的认识规律，水到渠成，易被接受，但平铺直叙，读来有平淡无味之感。这种结构适合调查的事物相对集中且涉及的对象不是太复杂的调查报告。

（3）综合式。这种结构形式兼有横式和纵式的优点，但较复杂。在叙述和议论事件的发展过程时采用纵式结构，谈经验教训、体会、收获时采用横式结构。它适用于涉及面较广、内容较复杂的调查报告。

3．结尾

调查报告结尾的写法也比较多，可以提出解决问题的方法、对策或下一步改进工作的建议；或总结全文的主要观点，进一步深化主题；或提出问题，引发人们的进一步思考；或展望前景，发出鼓舞和号召。结尾以自然收束为最佳，要求简明扼要、意尽即止。

（三）落款

调查报告的落款包括署名和写作的时间。署名要写调查者个人的名字或者调查单位的名称。落款内容可以放在文尾右下方，也可以放在标题的下一行居中位置，也可以署于标题之下右下方。

注意事项

一、深入调查，占有丰富而翔实的材料

调查研究是撰写调查报告的关键性的环节。研究是从"调查"到形成"报告"的关键环节。调查的过程，就是全面掌握具体情况、广泛收集和充分占有材料的过程。材料是构思的原料和支撑点，没有材料，就如同"巧妇难为无米之炊"一样,不可能写出观点深刻的文章。因此撰写调查报告必须深入调查,要尽量掌握大量的第一手资料以及其他的旁证材料。

二、认真分析材料,提炼观点,挖掘客观规律

写调查报告切忌堆砌和滥用材料,将调查得到的事实材料进行去伪存真、去粗取精、由表及里、由此及彼的加工,辨明真假虚实,找出事物的内部规律,概括出合乎事理的观点。这是调查报告写作的关键环节。只有做到认真分析研究材料,才能真正地发挥调查报告对工作的指导作用。

三、言明事理,观点与材料统一

写作调查报告,要做到观点与材料的有机结合,把握材料与观点之间的内在联系,一定不能把二者割裂开来,做到以事明理,材料与观点的统一,既有材料,又有观点,观点能统率材料,材料足以说明观点,二者联系紧密,切实要做到事与理的结合、材料与观点的统一。

四、掌握正确的调查方法

调查报告写作的前提是调查,掌握正确的调查方法,对于收集与获取市场信息资料,完成调查报告的写作至关重要。调查的方法很多,常用的有问卷调查法、文献调查法、访谈调查法、实验调查法、统计调查法等。调查的方法很多,每种都有其各自的优势和局限性,在收集获取资料的过程中,调查者可根据研究的需要选择恰当的调查方法,也可综合使用多种调查法。

选文参考

【选文1】

关于大学生就业现状的调查报告

调查目的:

近年来大学生就业形势越来越严峻,在全国每年普通高校毕业生规模达到几百万的人就业压力下,本科毕业人数再创新高。由于毕业生处于毕业—择业—就业的人生转折关头,其思想状态、精神面貌、心理变化均存在着较大的调查意义。

大学生"毕业就失业",早已不是危言耸听,大学生就业难已成为当前我国一系列就业问题中一道特殊的难题。如何正确分析其原因,拿出科学的解决办法,是我们大家

共同思考以及共同面对的一个重要课题。随着美国次贷危机波及范围的扩大，全球进入了新一轮的经济困难期，首当其冲的就是各国的企业。国内外诸多公司纷纷收缩开支，压低成本，而在这当中，人力成本便成了一个他们不得不考虑的因素，于是乎，如今的大学生找工作也似乎变得比往年更难。所以此次调查便具有了很大的意义。

调查时间：2012年8月

调查地点：山东省青岛市

调查内容：

2011届全国大学毕业生人数为608.2万人，82.1%的人毕业半年后受雇全职或半职工作；1.6%的人自主创业；有9.3%的人处于失业状态，其中1.1%准备国内外读研，6.1%准备继续寻找工作，还有2.1%放弃了继续求职和求学。如果按此比例推算的话，将近57万人处于失业状态，10多万人选择"啃老"。

由于就业不易，2011届本科毕业生中有更多的人选择了继续读研而非参加工作，选择读研的比例较2010届增加了2.5个百分点。（中国社科院社科文献出版社出版的就业蓝皮书《2012年中国大学生就业报告》）

关于大学生对于就业严峻形势的态度，在清华大学举行的"2012年大学生职业发展教育国际学术研讨会"开幕式上，杜玉波做出如上表示。杜玉波告诉与会60位来自国内外的职业发展教育的专家学者和500余位来自各省市大学生就业工作主管部门、各高校学生就业工作相关人员，中国已经建成了世界上规模最大的高等教育体系，青年特别是大学生就业已成为全球关注的问题，也是中国政府致力于解决的问题。

杜玉波表示，为促进大学生充分就业和全面发展，中国政府以建立和完善高校毕业生就业服务体系为抓手，大力推动高校加强就业指导课程建设、强化就业服务机构和队伍建设，中国大学生职业发展教育迈出了新步伐，从一对多的网络教育到一对一的深度教育，从单一的课堂教育到素质拓展，但与市场需求相结合的职业发展教育体系还有待建立和完善。

杜玉波强调，当前乃至今后相当长一段时期，全球青年就业和大学生就业形势依然严峻，就业矛盾依然比较突出。做好大学生职业发展教育及就业指导服务工作，依然任重道远，需要大家共同努力，积极探索与创新，学习发达国家的有益经验，培养适应社会需求的复合型人才。

大学扩招也是大学生就业难的原因之一。2003年是中国高校扩招后本科学生毕业的第一年，全国共有高校毕业生212.2万人，比2002年增加67万人，增幅达46.2%，就业形势十分严峻。2004年我们国家的本科毕业生就有280余万人，比2003年增加68万人。2005年全国普通高校毕业生人数预计将达到338万人，比2004年增加58万人，增幅达20.71%。2012年高校毕业生680万人，比2011年的608.2万人，增加70多万人。在就业环境又没有得到根本改变的前提下，2012年大学生就业形势比2011年还要严峻。

调查方法：问卷法　文献法

调查对象：青岛市普通高校毕业生

调查结果：

通过问卷及文献法，我发现大学生就业难的客观原因主要是结构性失业。当代大学生是富有文化知识的劳动力，但面临着比农民工更尴尬的就业环境。我国的产业结构所提供的多数是低端就业岗位，而当代大学生接受不了这样的收入和待遇，目前产业结构并不能为他们提供他们理想的工作岗位。从总体来说，大学生就业难还是扩招的原因。

随着大学毕业生人数的逐年累计，一些上届毕生还在待业，下届毕业生又加入就业的角逐。如此一来，硕士生抢本科生的岗位，本科生抢高职生的岗位，这样用人单位可以用更低的薪水，招到更高质量的人才。

另外，部分毕业生不愿从事初中甚至小学生都能胜任的工作，这类岗位看不到发展空间。所以有些大学生宁可失业，也要慢慢等待机会找到符合自己预期的工作。还有部分大学生用读研的方式来逃避就业压力，但此举未必适合每个人，读研又如何？最终还是要走向社会，面对就业问题。

当然，大学生就业难还有部分大学专业设置不合理的因素，大学生所学专业与社会需求严重脱节的问题等。

调查结果分析：

大学生应了解各专业的就业情况以及企业需要的人才类型，与社会多接触，了解社会需求，关注各类就业动向，从而对症下药，为自身找到正确的就业方向与奋斗目标。在金融危机的大背景下，如果我们选择逃避，等待我们的将是无底的深渊，只有选择面对，际遇才会眷顾我们，我们才能看见明日的曙光。面对这一危机，国家已经采取了一些措施。可见，国家已经意识到就业问题的严重性，它与整个社会的经济政治体制有着重要的关联。所以，解决它并不是一个想法、一项措施可以奏效的。我们必须结合中国的国情，利用科学发展观，长远地、发展地看待整个问题，而这也是新时代大学生应当具有的品质。

一、作为面对巨大就业压力的大学生，要有正确的自身定位

就业压力大决定了我们找工作时，只能找到我们能力所能胜任的，而非努力工作还难以胜任的较高职位。工作问题，最好在春节前搞定，即便春节前未能解决，但一定要在毕业离校前解决，否则一旦到明年离校后，你会发现，两三个月时间很快过去，而工作并不好找，而很快2013届的毕业生又到了找工作的旺季，找工作只会更难。应届生首先要正确认识自己，科学定位自己，肯降下身段从基础做起。是金子总会发光，是金子总会被发现，是金子就不要太在乎今天的命运。

二、其次我们要巧妙利用国家政策

近年来，大学生就业压力大，国家颁布了很多政策，制定了很多措施，应届生要利用好这些政策。首先是创业政策，能力强的应届生不妨自己创业，咨询相关部门，各地均有对于大学生创业的优惠政策；其次是培训支持，各地政府为促进大学生就业，纷纷出台政策免费提供就业、职前或创业以及其他技能培训，应届生要多多关注这些信息，参加适合自己的培训项目，给自己充电；最后，是三农政策，大学生不要老想着往城市去，城市里的生活并不轻松，近年来国家出台了不少惠农政策，关注农业项目和三农政策，也许会发现更好的出路。

三、同时，我们也要注重培养自己的责任意识

毕业生在求职前一定要准确把握自己的定位，在工作中积极肩负自身的责任，以呼唤人才市场的责任感与诚信，为自己的求职打下一个良好的基础。做事要坚持到底，不要轻易地跳槽。要有责任意识，对企业负责，对自己负责。

四、另外，增强适应环境的能力也是必不可少的

毕业后大学生面临的不再是学校里的小社会环境，而是复杂多变的社会，里面有各种各样的人和事，充满着各种未知的因素。为了让自己能够立足于社会，周旋于复杂的人事关系中，大学生除了要学习专业知识外，还要学习多种生活需要的技能，正所谓技多可防身。

五、最重要的是我们要努力提升自身综合素质

当代很多大学生只会一味埋怨学生太多，就业压力大，却不从自身找原因。我们必须承认，大学生的综合素质呈逐年下降趋势。就业压力大的大环境我们无法改变，我们能改变的只有我们自己。不要做无用的埋怨，积极面对困难和挫折，采取措施，积极主动地提升自身的综合素质才是解决问题的办法。比如参加就业培训、职前培训，用各种行之有效的方法提升自身的综合素质。

> **简评** 这是一篇关于大学生就业现状的调查报告。报告先是交代了本次调查的目的，同时又简介了调查的时间、地点、方法、对象及其内容，接着分析调查所得到的结果，对大学生就业难现状进行了分析，得出结论，最后有针对性地提出五条建议。主旨鲜明，结构完整，思路较为清晰。

学而思

一、你想好未来去哪里工作了吗？如果你已经有了意向，你是否清楚你所学的专业在当地的就业形势如何？请按照调查报告的写作流程，撰写一份《关于××市××专业就业形势的调查报告》。

二、全民阅读活动在全国各地取得初步成效，社会阅读风气日渐浓厚，阅读基础设施不断改善，如何把全民阅读活动深入持久地开展下去？在科技高度发达的今天，还有多少人在坚持读书呢？都利用什么时间读书呢？家里藏书有多少？都通过什么方式阅读？读些什么类型的书呢？针对以上问题，走进你所在的社区，进行一次社区调查，写作一篇《××社区居民读书情况调查报告》。

任务9

小心陷阱!
——合同

教学目标

知识目标
1. 了解合同的特点和种类
2. 掌握合同的写法和内容
3. 熟练掌握经济合同的写法
4. 熟悉合同签订时的注意事项

能力目标
1. 能够根据实际需要撰拟简单的合同文书
2. 能够运用法律武器维护自己的合法权益
3. 能够充分利用网络资源,收集和处理各种信息

素质目标
1. 培养和训练学生的团队协作意识
2. 培养学生信守承诺的品格
3. 培养学生的契约精神和职业操守
4. 培养学生的法治意识

任务导入

校园招聘会结束了,陈小刚陆续接到了好几个外贸公司的面试电话。按照与对方约定的时间、地点,陈小刚去进行了好几轮的面试。面试结束,他对面试的这几家公司进行了一番横向、纵向比较,××外贸公司脱颖而出,其各方面条件都令陈小刚十分满意。思虑再三,陈小刚决定与该公司签订合同。舍友告诫陈小刚签合同时要提高警惕,因为合同签订可能会有陷阱,那么我们该如何通过一份规范的合同来规避陷阱、保障自身的权益呢?签订合同时,需要注意哪些事项呢?

知识百宝箱

一 文种介绍

（一）合同的概念

广义的合同是指平等主体的自然人、法人、其他组织之间设立、变更、终止民事权利义务关系的协议，包括债权合同、物权合同、行政合同等。法人是与自然人相对而言的，指具有独立民事权利和主体资格的社会组织，它是社会组织在法律上的人格化。

狭义的合同是指2022年1月1日起施行的《中华人民共和国民法典》（以下简称《民法典》）合同编第四百六十四条中的规定：合同是民事主体之间设立、变更、终止民事法律关系的协议。婚姻、收养、监护等有关身份关系的协议，适用有关该身份关系的法律规定；没有规定的，可以根据其性质参照适用本编规定。

《民法典》通过并实施后，原来的《中华人民共和国合同法》（以下简称《合同法》）废止，有关合同的民事法律规范由《民法典》中的合同编替代。不过《民法典》合同编大体继承了《合同法》的内容，总体上没有做出较大的调整，但是对有些内容进行了重新规范和梳理，将经济生活中常见的合同类型新增到了典型合同里面，用专门的条款进行约束和规范。

（二）合同的特点

合法性　合同是双方或多方的法律行为。首先，合同双方或多方当事人意思表示必须一致。意思表示不一致，即未取得一致的协议，合同就不能成立。其次，签订合同的双方或多方当事人，必须具有合法的资格，即具有签订合同的权利能力和行为能力，否则，合同关系也不能成立。合同必须是双方或多方当事人共同实施的合法的法律行为的产物。

自愿性　合同双方或多方当事人的法律地位是平等的，订立合同的内容是自愿的，合同的签订是一个协商一致的过程。合同当事人依法享有平等、自愿订立合同的权利，任何单位和个人都不得干预或包办代替，任何一方都不得把自己的意志强加给对方。

约束性 合同是合法的民事行为，依法签订的合同，即具有法律约束力。合同一经签订，就具有法律约束力，受法律保护。签订合同的双方或多方必须全面地履行合同中所约定的规定义务，否则会受到法律的制裁。

平等性 合同的平等性体现在三个方面：一是签订合同双方或多方的法律地位是平等的，合同当事人在地位与权利平等的基础上签订合同；二是订立合同的原则是平等、公平、协商、等价有偿、诚实信用，合同内容须本着平等互利、等价有偿的原则协商确立；三是合同一经确立即形成对合同订立双方或多方相等的法律约束力。合同一经依法签订，就具有了法律效力，各方面的权利和义务均受到国家法律的保护，任何一方违约都要承担经济和法律责任。

（三）合同的种类

根据不同的标准，从不同的角度，合同可以有不同的分类。

1．从内容上看

按内容分类，《民法典》合同编中列了19种典型合同，也就是我们通常所说的有名合同。

（1）买卖合同。出卖人转移标的物的所有权于买受人，买受人支付价款的合同。

（2）供用电、水、气、热力合同。供用电合同是供电人向用电人供电，用电人支付电费的合同。供用水、供用气、供用热力合同，参照适用供用电合同的有关规定。

（3）赠与合同。赠与人将自己的财产无偿给予受赠人，受赠人表示接受赠与的合同。

（4）借款合同。借款人向贷款人借款，到期返还借款并支付利息的合同。

（5）保证合同。为保障债权的实现，保证人和债权人约定，当债务人不履行到期债务或者发生当事人约定的情形时，保证人履行债务或者承担责任的合同。

（6）租赁合同。出租人将租赁物交付承租人使用、收益，承租人支付租金的合同。

（7）融资租赁合同。出租人根据承租人对出卖人、租赁物的选择，向出卖人购买租赁物，提供给承租人使用，承租人支付租金的合同。

（8）保理合同。应收账款债权人将现有的或者将有的应收账款转让给保理人，保理人提供资金融通、应收账款管理或者催收、应收账款债务人付款担保等服务的合同。

（9）承揽合同。承揽人按照定作人的要求完成工作，交付工作成果，定作人支付报酬的合同。承揽包括加工、定作、修理、复制、测试、检验等工作。

（10）建设工程合同。承包人进行工程建设，发包人支付价款的合同。建设工程合同包括工程勘察、设计、施工合同。

（11）运输合同。承运人将旅客或者货物从起运地点运输到约定地点，旅客、托运人或者收货人支付票款或者运输费用的合同。

（12）技术合同。当事人就技术开发、转让、许可、咨询或者服务订立的确立相互之间权利和义务的合同。

（13）保管合同。保管人保管寄存人交付的保管物，并返还该物的合同。寄存人到保管人处从事购物、就餐、住宿等活动，将物品存放在指定场所的，视为保管，但是当事人另有约定或者另有交易习惯的除外。

（14）仓储合同。保管人储存存货人交付的仓储物，存货人支付仓储费的合同。

（15）委托合同。委托人和受托人约定，由受托人处理委托人事务的合同。

（16）物业服务合同。物业服务人在物业服务区域内，为业主提供建筑物及其附属设施的维修养护、环境卫生和相关秩序的管理维护等物业服务，业主支付物业费的合同。

（17）行纪合同。行纪人以自己的名义为委托人从事贸易活动，委托人支付报酬的合同。

（18）中介合同。中介人向委托人报告订立合同的机会或者提供订立合同的媒介服务，委托人支付报酬的合同。

（19）合伙合同。两个以上合伙人为了共同的事业目的，订立的共享利益、共担风险的协议。

2．从时间上看

可分为长期合同、中期合同、短期合同。

3．从写法上看

可分为条款式合同、表格式合同、表格条款结合式合同。

4．从形式上看

可分为书面合同、口头合同和其他形式合同。

二 文种写作技巧和方法

尽管合同种类繁多，但其基本写作格式是固定的。合同一般由约首、正文和约尾三部分构成。

（一）约首

合同的约首通常由标题和合同当事人名称组成。

1. 标题

标题即合同的名称，写在合同首页上方正中的位置，表明合同的性质和种类。合同标题一般采用事由+文种的方式构成，如"商品房买卖合同""农副产品购销合同"等。

2. 合同当事人名称

合同双方的当事人是指合同双方具有法人资格的法人单位和具有公民资格的自然人。标记在合同标题的左下方，分行并列写明签订合同当事人的单位名称及法定代表人或自然人姓名，并在名称或姓名前面注明谁是甲方，谁是乙方。为后面行文简便，第一次要写全称并用括号附注简称，以后可用简称代替全称。如有第三方，可将其称为"丙方"。不能用你方、我方这样指代不明的词。

为了进行合同的登记，标题的下方还应标明合同的编号、签订的时间、地点等。

（二）正文

正文是合同的实质性条款部分，是合同的主体。合同的正文一般由引言、主体和结尾组成。

1. 引言

引言是指合同的开头部分，主要写订立合同的目的或者签订合同的依据。引言的写法也比较固定，例如："为了……，根据……法律的规定，……双方经过充分协商，特订立本合同，以便共同遵守。"引言可部分省略或全部省略。

2. 主体

主体部分指合同条款，要逐条写明双方协议的具体条款。按照《民法典》第四百七十条的规定，合同主要应具备以下条款。

（1）标的。标的本指靶子，引申为目标。合同中的标的是指当事人权利义务所指向的对象，如买卖合同中的货物、赠与合同中的财产、租赁合同中的租赁物、建设工程合同中的工程项目等。需要注意的是标的名称在不同地区有不同的名称，同一种商品又有不同的品牌、规格、款式，甚至不同的生产日期（批号）。任何合同都必须有明确的标的，否则，双方的权利和义务就不能落实，合同就无法履行，最终导致合同纠纷，造成经济损失。

（2）数量和质量。数量和质量是对标的的具体说明和要求，是合同的具体条件，是确定权利、义务大小的尺度。

数量是标的在量方面的限度。合同必须对标的数量有明确的规定，包括计量单位和计量方法等，必须在合同中书写清楚。因为数量直接影响当事人的权利和义务。有的商品还要规定合理的磋商、正副尾数、损耗标准等。

质量是标的在质方面的限度，是标的内在的素质和外观形态优劣的标志。合同对标的质量应有具体、明确、详细的规定，如质量等级、执行何种标准等也应规定明确，不要用"优劣""上等"等模糊词语。标的如果有包装时，包装的质量也应有所规定。

合同对标的质量以及包装质量的规定，有国家或行业强制性标准的，不得低于国家或行业强制性标准；没有国家或行业强制性标准的，应由当事人双方协商签订。

（3）价款和酬金。价款或酬金统称为"价金"，即取得合同标的的一方向当事人所支付的代价，是用一定的货币量来表示的。价款，是指为获取标的而交付的货币数量；酬金指为获取标的而支付的佣金。如运输合同中的运费，租赁合同中支付的租金，借款合同中支付的利息等。

价款和酬金要合理公平，有政府规定价或指导价的，执行政府规定价或指导价；没有政府规定价或指导价的，由双方当事人参照合同履行地的市场价格协商定价。

合同中本条款要写明标的的单价、总金额、计算标准、结算方式、计价的货币名称等。若与外国方面合作，要写明支付币种。

（4）履行合同的期限、地点和方式。履行合同的期限是合同当事人实现权利、履行义务的时间界限，包括合同的履行期限和有效限期。它是确定合同是否按时履行或迟延履行的标准。在商品交易中为交货时间和付款时间，在国际技术合作中为合作的起止时间。时间应确切、具体，尽量不用"在……之前""……之内"，不能把类似"年内交货"等含糊词句写进合同。涉外合同中应注明以何地何时为准。

履行合同地点是指履行合同的具体地点，这是分清双方责任的依据之一。书写这一条款时，必须写明交（提）货、付款、验收或劳务的具体地点，表述要确切。涉外商品交易合同中，应注明港口名称，并写清港口所在地区、所在国家。

履行合同的方式是指当事人履行合同的具体办法、形式，包括时间方式和行为方式两个方面。时间方式指的是一次性履行完毕还是分期分批履行；行为方式指当事人交付标的物的方式，如标的物的交付、运输、验收、价款结算的方式。

（5）违约责任。违约责任指当事人一方或双方因为自己的过错，造成合同不能履行或不能全部履行而应承担的责任。《民法典》第五百七十七条规定："当事人一方不履行合同义务或者履行合同义务不符合约定的，应当承担继续履行、采取补救措施或者赔偿损失等违约责任。"

违约责任是履行合同的重要保证，也是出现矛盾分歧时解决合同纠纷的可靠依据。追究违约责任多为收取违约金和赔偿金。违约责任的追究是为了维护合同双方当事人的合法权益，标志着合同的严肃性。

（6）解决争议的方法。解决争议的方法是指在履行合同发生争议时合同当事人解决问题的方式和程序。要明确注明是通过仲裁解决、协商解决还是诉讼解决。

除上述条款外，还有其他一些条款可根据双方当事人的协商确立。如不可抗力条款；合同的变更、转让、保险等；产品的包装方法、要求，验收等。

（三）约尾

（1）订约双方单位全称和代表（法人代表或代理人）的姓名。

（2）加盖公章或合同专用章，双方代表签字。

（3）日期：签订合同日期。

（4）公证：公证单位意见、公章、公章人签名。数额较大、周期较长的合同还要公证。

（5）附项：日期下写合同当事人的地址、邮编、电话、传真、电子邮箱、开户银行、账号等。

尾部的内容，书写时要逐项列举，一般是甲方在左，乙方在右。

如果有附件按顺序依次写于约尾之下。

注意事项

合同写作，要求注意以下几点。

一、合同构成要完整，条款要完备

残缺不全的合同在法律上常常是无效或部分无效的；主要条款有遗漏的合同常常会引起纠纷，难以处理。如有些合同格式过于简单，只有需方的要约，却无供方的承诺。在经济活动中，缺少违约责任的合同更是常见。一旦引起纠纷，就没有解决的依据。所以，合同构成要素的完整是合同内容规范化在书面形式上的表现。

二、合同表述要准确、简明、严密、严谨

合同是法律文书，签署后就不能随便改动；合同又是经济文书，直接与当事人的利益有关，所以文字需要严谨。合同的表述必须简明、严密、准确。用词切忌产生歧义，句意不能含混或有漏洞；标点符号的使用应准确到位，尤其要注意钱款的数字须用大写汉字，钱款数字前面要写明币种，数字后面要写上货币单位，最后加上"整"。这些方面只要有一处出现问题，就会被对方钻空子，引起合同纠纷。

三、口说无凭立字据

有的合同当事人双方会协商作出一些口头承诺，却没有把相关内容写进合同里，这对日后维权极为不利。在签订合同时，不能轻信口头承诺，必须把协商好的权利义务完整地明确在正式的书面文本上。合同是当事人履行合同的依据，合同发生纠纷时，调节、仲裁和判决也主要依据合同，而不是当事人的口头说法。只有合同才具有法律效用。合同一经签订，任何一方不得随意改动，如需修改、补充或更正，须经双方协商，将改动意见作为合同附件，正式签署后生效。因此，拟写合同文书必须全面真实地把双方当事人的协议清楚、有条理地表达出来。"一字千金"在合同中并非戏言，当事人必须高度重视。

四、区分一下合同和意向书

首先内容表述方面，合同写得较为具体、周翔，对双方的权利与义务等有明确的要求；而意向书的表述较概括，仅表明当事人双方或多方的意向、设想或打算。

其次是否具有法律效力方面，合同具有法律效力，无论哪一方违背了合同中规定的条款都要负违约责任；而意向书不具有法律效力，只具有对当事人各方的信誉约束力。

选文参考

【选文1】

应届毕业生劳动合同

合同编号：

公司××（以下简称甲方），现聘用××（以下简称乙方）为甲方劳动合同制职工，甲、乙双方本着自愿、平等的原则，经协商一致，特签订本合同，以便共同遵守。

第一条 合同期限

合同期限为2年，从20××年2月×日至20××年2月×日止，其中试用期为3个月，从20××年2月×日至20××年5月×日止。

第二条 工作岗位

甲方安排乙方从事_____工作。

甲方有权根据生产经营需要及乙方的能力、表现调整乙方的工作，乙方有反映本人意见的权利，但未经甲方批准，乙方必须服从甲方的管理和安排。

乙方应按时、按质、按量完成甲方指派的任务。

第三条 工作条件的劳动保护

甲方需为乙方提供符合国家规定的安全卫生的工作环境，保证乙方人身安全及人体不受危害的环境条件下从事工作。

甲方根据乙方岗位实际情况，按照甲方规定向乙方提供必要的劳动防护用品。

第四条 教育培训

在乙方被聘用期间，甲方负责对乙方进行职业道德、业务技术、安全生产及各种规章制度的教育和训练。

第五条 工作时间

甲方实行每周工作5天，40小时，每天8小时工作制。上下班时间按甲方规定执行。乙方享有国家规定的法定节假日、婚假、丧假、计划生育假等有薪假日。

甲方确因生产（工作）需要乙方加班时，按照有关规定给予乙方一定的经济补偿或相应时间的补休。

第六条 劳动报酬

按甲方现行工资制度确定乙方月基本工资为_____元。其余各类津贴、奖金等发放按公司规定及经营状况确定。甲方实行新的工资制度或乙方的工作岗位变动时，乙方的工资待遇按甲方规定予以调整。甲方发薪日期为每月_____日，实行先工作后付薪。

第七条 劳动保险和福利待遇

乙方因生、老、病、伤、残、死，甲方按国家有关规定处理。甲方按照国家有关规定按期为乙方缴纳养老、医疗、失业、公积金等社会保障。

甲方在生产经营状况良好的情况下，为乙方购买的商业保险，在保险期内，甲方有权变更或撤销险种。

乙方因病或非因工负伤需治疗的，按照《××市劳动合同规定》之规定，给予相应的医疗期。乙方在医疗期间的工资待遇、医疗费用等按照国家和××市及甲方的有关规定处理。

第八条 劳动纪律

乙方应遵守国家的法律、法规及甲方依法规定的各项规章制度。

乙方应遵守甲方规定的工作程序、保密规定等制度。

乙方违反劳动纪律和甲方的规章制度，甲方可按奖惩规定给予批评、教育、处罚，直至解除劳动合同。

第九条 劳动合同的解除与不得解除的规定

经甲、乙双方协商一致，劳动合同可以解除。

乙方有下列情形之一的，甲方可以解除合同：

（1）在试用期间，发现不符合录用条件的；

（2）严重违反劳动纪律或者甲方的规章制度的；

（3）严重失职、营私舞弊，对甲方利益造成重大损害的；

（4）被依法追究刑事责任或劳动教养的。

有下列情形之一的，甲方可以解除劳动合同，但是应当提前30日以书面形式通知乙方本人：

（1）乙方患病或者非因工负伤，医疗期满后不能从事原工作，也不能从事由甲方另行安排适当工作的；

（2）乙方不能胜任工作，经过培训或者调整工作岗位，仍不能胜任工作的；

（3）劳动合同订立时所依据的客观情况发生重大变化，致使原劳动合同无法履行，经当事人协商不能就变更劳动合同达成协议的；

（4）甲方濒临破产进行法定整顿期间或者生产经营状况发生严重困难，确需裁减人员的。

有下列情形之一的，乙方可以通知甲方解除劳动合同：

（1）在试用期内的；

（2）甲方以暴力或者非法限制人身自由的手段强迫劳动的；

（3）甲方未按照劳动合同约定支付劳动报酬或提供劳动条件的；

（4）乙方因其他情况需要辞职，需在一个月前以书面形式通知甲方。

乙方有下列情形之一的，甲方不得随意解除劳动合同：

（1）患病或负伤，在规定的医疗期内的；

（2）女职工在孕期、产期、哺乳期内的；

（3）法律、法规、规章、规定的其他情形。

解除劳动合同的经济补偿，按《××市劳动合同规定》执行。

对于乙方在本合同期内由甲方出资培训，乙方因个人情况辞职或离职，在培训期内的按培训费的100%赔偿，并退还任职最后3个月的薪金；在培训结束后的，将酌情减免培训费的赔偿金额。

第十条 双方需约定的其他事项

乙方若因病不能上班时，可凭医院出具的有关证明，享受甲方规定的1年7个工作日的有薪病假。

当有薪病假日累计超过7天后，甲方将按规定从乙方工资中扣除相应金额。

第十一条 违反劳动合同的责任

甲、乙双方任何一方违反劳动合同，给对方造成经济损失的，应根据损失情况和责任大小，依据国家的有关法规和企业依法制定的规章制度及双方约定的事项，承担一定的经济补偿。

第十二条 劳动争议

甲、乙双方履行本合同和因辞退、除名、开除乙方而发生劳动争议时，可由甲、乙双方协商解决。

若双方不能协商解决的，可由争议的一方向企业所在地的劳动争议仲裁委员会申请仲裁。不服从仲裁裁决的一方，可在收到仲裁裁决书即日起十五天内，向甲方所在地人民法院提出诉讼。

第十三条 其他

本合同一式两份，甲、乙双方各执一份，经双方签字盖章后生效，两份具有同等法律效力。

本合同未尽事宜，按照《中华人民共和国民法典·合同编》《××市劳动合同规定》和甲方的有关规定执行。

本合同条款如与国家法律、法规和政策相悖时，以国家法规政策为准。

甲方（盖章）	乙方（签字）
公司（盖章）	代表人（签字）
20××年2月×日	20××年2月×日

简评 这份劳动合同分三个部分：第一部分说明了合同的性质、种类、编号、双方当事人、签约时间等信息。第二部分说明了签订合同的依据、目的，明确了岗位、工作时间、报酬、劳动保险和福利待遇以及劳动纪律等信息，是合同的重要部分。第三部分是结尾，内容完整，表述规范，显示了合同的有效性、严肃性。提醒注意检查劳动合同文本开头部分用人单位的信息是否真实完整。在落款部分，用人单位须完整填写企业名称，并加盖企业公章，不得以私人或部门名义落款；法定代表人（或委托代理人）须亲笔签署姓名或者盖章；落款时间也要注意检查。

【选文2】

房屋租赁合同

出租方（以下简称甲方）：　　　　　　身份证号：
承租方（以下简称乙方）：　　　　　　身份证号：

根据《中华人民共和国民法典·合同编》及其他相关法律、法规规定，甲乙双方在平等、自愿、协商一致的基础上，就下列房屋的租赁达成以下协议。

第一条：房屋基本情况：

1. 房屋坐落于：_____。
2. 高层电梯房，建筑面积_____平米，三室一厅一卫一厨。
3. 房屋固定基本装修，水、电、暖、煤气，有线电视、防盗门，电话等固定设施齐全。
4. 房屋内_____基本物品。
5. 租房用途：住家。

第二条：租赁期限从_____年_____月_____日到_____年_____月_____日止，期限_____年。

第三条：租金交付方式为：现金半年支付，每月租金为_____元，租金按半年结算，由乙方在提前15日内足额交付甲方，逾期则视为违约。

第四条：其他费用支付方式：水费、电费、暖气费、煤气费、有线电视费、物业管理费、电话宽带费以及其他相关费用均由乙方以实际用量全额承担付清，费用按双方商定支付方式执行。

第五条：押金作为乙方违约的保证金，在签订合同时一次性付清，租赁期满时如乙方无违约责任发生，由甲方一次性退还无利息，押金为_____元。

第六条：房屋修缮责任、出租住宅的自然损坏或合同约定由出租人修复，因承租人过错造成房屋损坏的，由乙方负责修复或赔偿，否则，甲方有权在乙方交付的押金中扣抵修复费用。

第七条：续租的约定，房屋租赁期限届满，租赁合同终止，乙方需要续租，须在租期届满前30天提出，并经由出租人同意，双方重新签订续租合同。

第八条：承租人无权转租和出卖所承租房屋及室内设施物品，如出现转租或出卖行为，由承租人和转租接受人或买受人共同承担法律责任和经济责任。

第九条：违约责任

1. 甲方未按合同第一条、第二条约定给乙方交付符合要求的房屋及设施，负责赔偿一个月房租。

2．乙方逾期未缴纳租金及其他相关费用，除补交欠款外，还必须以合同月租金的5%按日向甲方计付利息和违约金。

第十条：出现下列情况之一的，甲方有权终止合同并向乙方追究相应的法律责任和经济责任。

1．擅自将房屋转租、转让、转借或与他人调剂交换等情况。

2．利用承租房屋进行非法活动，损害公共利益的。

3．违反小区物业管理相关规定的。

4．未按时缴付相关费用的。

第十一条：在租赁期内变更或解除合同

1．因不可抗力致使租赁合同不能继续履行的。

2．因房屋拆迁、大修、改造等无法继续使用的。

3．当事双方协商一致的。

4．符合法律或合同约定可以变更解除合同条款的。

第十二条：争议解决方式按相关部门规定执行。

第十三条：本合同经双方签字后生效。

第十四条：本合同一式两份，甲乙双方各执一份。

甲方：　　　　　　　　　　　　乙方：
电话号码：　　　　　　　　　　电话号码：
　　年　　月　　日　　　　　　　年　　月　　日

> **简评**　这是一份关于房屋租赁的合同，合同基本条款已具备，可供毕业生租赁房屋签订合同时参考借鉴。

学而思

一、请根据以下材料写一份买卖合同。

大丰果品商店的代表杜云光，于×年3月16日与光明园艺场的代表肖鹏飞签订了一份合同。双方在合同中提到：大丰果品商店购买光明

学而思参考答案

园艺场出产的水蜜桃8000千克，鸭梨10000千克和红富士苹果15000千克。要求每种水果在八成熟采摘后，一星期内分三批交货，由光明园艺场负责以柳筐包装并及时运到大丰果品商店；其包装筐费和运输费均由大丰果品商店负担。各类水果的价格视质量好坏，按国家规定当地收购牌价折算，货款在每批水果交货当日通过银行托付。如因突发的自然灾害不能如数交货，光明园艺场应及时通知大丰果品商店，并互相协商修订合同。在正常情况下，如果大丰果品商店拒绝收货，应处以拒收部分价款20%的违约金；光明园艺场交货量不足，应处以不足部分价款30%的违约金。这份合同一式四份，双方各执一份，各自的上级单位备案一份。

二、假设你要租用一套房子，请按照合同的格式签订一份房屋租赁合同。

三、合同条款的语言必须准确缜密。下面是一份合同中的部分条款，有多处用语含糊，请标出来，并简述理由。

自即日起，如一方无故违约，给另一方造成经济损失时，违约方除赔偿对方全部直接经济损失外，还要赔偿对方信誉损失费10万～15万元（具体数额由双方依情况商定，或由省级仲裁机构裁决）。

四、前不久，某装修公司张经理与外地某家具厂赵经理签订了一份金额达500万元的购销合同。合同规定：二个月内交货，由装修公司交付10万元作为保证合同履行的定金。期间赵经理接到了一宗更大的生意，无法按期履行合同，便电告张经理，经多次协商未果，张经理只好要求赵经理退还定金，另找合作伙伴。

张经理要求赵经理双倍返还定金，不料对方却只退还10万元，张经理拿出合同一看，自己错把"定金"写成了"订金"，追悔莫及。

根据上面的材料，谈谈你对"定金"和"订金"的理解，张经理是否有权利要求双倍赔偿？为什么？

思政点滴

关于合同编，民法典这样说

合同制度是市场经济的基本法律制度。合同法自1999年10月1日施行至今，未曾修正，条文也没有变化，对保护当事人合法权益、促进要素自由流动、实现公平交易、维护经济秩序等发挥了重要作用。随着我国全面开放新格局和社会主义市场经济不断形成和发展，合同领域出现了一些新情况、新问题。此次民法典合同编在总结合同法实施情况的基础上，借鉴国际立法经验，结合民法典编纂体系化要求，进一步补充完善了合同制度。位列总则和物权编之后的合同编下设3个分编29章共526条，几乎占据了民法典的"半壁江山"。这些法条既有对合同法的继承，也有与时俱进的创新。

对高利贷说"不"

随着社会的发展，民间借贷领域出现诸如现金贷变高利贷、网贷变套路贷等乱象，这既影响了正常的金融秩序，也给社会经济稳定带来严重隐患。合同编明确禁止高利放贷，规定借款的利率不得违反国家有关规定，从不同角度给陷入校园贷、套路贷、高利贷陷阱的欠款人提供了极大的保护。这样规定表明了国家鼓励人们投资实体经济，有利于推进公平放贷，解决因高利贷导致的一系列社会问题；有利于助推实体经济发展，实现脱虚向实，助推经济高质量发展。

《中华人民共和国民法典》第六百八十条规定：禁止高利放贷，借款的利率不得违反国家有关规定。借款合同对支付利息没有约定的，视为没有利息。借款合同对支付利息约定不明确，当事人不能达成补充协议的，按照当地或者当事人的交易方式、交易习惯、市场利率等因素确定利息；自然人之间借款的，视为没有利息。

对"霸座""霸铺"行为说"不"

铁路客运"霸座""霸铺"行为屡次发生，一度成为热点话题，但由于没有法律规定，很多时候只能进行道德上的谴责。针对近年来客运合同领域出现的旅客"霸座"、不配合承运人采取安全运输措施等严重干扰运输秩序和危害运输安全的问题，合同编细化了客运合同当事人的权利义务，将这种行为通过法律明确化、规范化，让执法者有法可依，维护了社会秩序。

《中华人民共和国民法典》第八百一十五条规定：旅客应当按照有效客票记载的时间、班次和座位号乘坐。旅客无票乘坐、超程乘坐、越级乘坐或者持不符合减价条件的优惠客票乘坐的，应当补交票款，承运人可以按照规定加收票款；旅客不支付票款的，承运人可以拒绝运输。

实名制客运合同的旅客丢失客票的，可以请求承运人挂失补办，承运人不得再次收取票款和其他不合理费用。

《中华人民共和国民法典》第八百二十条规定：承运人应当按照有效客票记载的时间、班次和座位号运输旅客。承运人迟延运输或者有其他不能正常运输情形的，应当及时告知和提醒旅客，采取必要的安置措施，并根据旅客的要求安排改乘其他班次或者退票；由此造成旅客损失的，承运人应当承担赔偿责任，但是不可归责于承运人的除外。

对物业利用断水电催缴物业费说"不"

实践中，部分物业公司通过断水断电的方式催缴物业费，引起了业主的极大反感，但业主面对物业公司的强势地位往往忍气吞声。此次合同编紧跟时代，将物业服务合同作为典型合同加入，对服务提供方的义务、业主的权利，物业费缴纳作出明确规定，并对这一关系民生的问题予以明文规定，有利于杜绝这类违法行为，并为业主依法维护自己的合法权益提供有力法律保障，让业主真正安居乐业。

《中华人民共和国民法典》第九百四十四条规定：业主应当按照约定向物业服务人支付物业费。物业服务人已经按照约定和有关规定提供服务的，业主不得以未接受或者无须接受相关物业服务为由拒绝支付物业费。业主违反约定逾期不支付物业费的，物业服务人可以催告其在合理期限内支付；合理期限届满仍不支付的，物业服务人可以提起诉讼或者申请仲裁。物业服务人不得采取停止供电、供水、供热、供燃气等方式催缴物业费。

此外，民法典合同编还对电子合同订立、履行的特殊规则作了规定；完善了国家订货合同制度；确立了情势变更的适用；增加了保证合同、保理合同、物业服务合同、合伙合同四种新的典型合同，有利于民事纠纷的有效预防和精准解决，更好地保护了民事主体的合法权益，进一步保障了交易公平有序，维护了社会经济秩序，为增强市场经济发展注入了新的动力，为实现"两个一百年"奋斗目标、实现中华民族伟大复兴中国梦，提供了有力的法治保障。

03 项目二
举办产品推介会

任务1

有了新标准啦！
——党政机关公文格式

教学目标

知识目标
1. 了解公文常见的几种格式
2. 了解公文文件格式的各个要素
3. 掌握公文格式的眉首的制作
4. 能够对公文格式瑕疵文进行改错

能力目标
1. 能够根据实际情况，选择并且制作出比较规范的公文格式
2. 能够合理地分析所制作的格式有无错误
3. 能够及时发现并解决问题，根据实际情况提出合理的改进意见与方案

素质目标
1. 使学生养成立足当下、面向未来的职业前瞻性
2. 使学生通过规范化的写作树立规范意识、规则意识
3. 培养学生团结协作、敢于担责、爱岗敬业的职业道德
4. 培养学生认真严谨的工作态度和生活态度

任务导入

刚刚步入职场的陈小刚，应聘来到了××商贸有限公司。该公司是一家以经营茶叶为主的公司，集生产、营销、设计、包装及物流为一体。为扩大产品销路，公司拟于近期举办一场茶叶产品推介会。公司李总告诉陈小刚，最近公司要围绕产品推介会撰写一系列的材料，让陈小刚尽快熟悉一些发文的规则和要求，以便于承担接下来的一系列写作任务。

知识百宝箱

一 党政机关公文的基本格式

2012年4月16日,中共中央办公厅、国务院办公厅发布红头文件通知(中办发〔2012〕14号),《党政机关公文处理工作条例》已经党中央、国务院同意,下发各单位开始施行。之前1996年5月3日中共中央办公厅发布的《中国共产党机关公文处理条例》和2000年8月24日国务院发布的《国家行政机关公文处理办法》停止执行。这意味着,从2012年7月1日起开始,党政机关公文写作格式有了新标准——《党政机关公文处理工作条例》(以下简称新条例)。

党政机关,指的是中国共产党的机关和国家行政机关,党政机关公文是党政机关实施领导、履行职能、处理公务的具有特定效力和规范体式的文书,是传达贯彻党和国家方针政策,公布法规和规章,指导、布置和商洽工作,请示和答复问题,报告、通报和交流情况等的重要工具。

《党政机关公文处理工作条例》规定了党政机关的公文文种是15个,分别是决议、决定、命令(令)、公报、公告、通告、意见、通知、通报、议案、报告、请示、批复、函、纪要。

公文按照行文关系、文件去向,可分为上行文、平行文、下行文。

上行文指的是下级机关向所属上级机关的发文,如请示、报告。

平行文指的是平行机关或不相隶属的机关之间的发文,如函。

下行文指的是上级机关对所属下级机关的发文,如命令、决定、决议、公告、通告、通知、通报、批复等。

所有应用文书中最讲究程式化的是党政机关公文。公文的程式化,在很大程度上是通过书面文字材料形成的相对固定的格式表现出来的。公文在格式方面有着极其严格的规范性要求,公文格式的规范一致,对于撰写制发公文,以保证公文的统一性与科学性,提高公文处理的有效性有着重要的意义。在学习撰写公文之前,我们需要了解党政机关公文的基本格式。

党政机关公文的基本格式,也是最常用的格式,称为"文件式"格式。因为该格式的"发文机关标识"方法是用单位的全称或者规范化简称加"文件"组成。

为了叙述方便,我们将"文件式"格式各要素分成版头、主体和版记三个部分,对三个部分分别加以阐释说明。在此,依据的标准是《党政机关公文格式》(国家标准GB/T 9704—2012)。

公文首页红色分隔线以上的部分称为版头;公文首页红色分隔线(不含)以下、

公文末页首条分隔线（不含）以上的部分称为主体；公文末页首条分隔线以下、末条分隔线以上的部分称为版记。页码位于版心外。

（一）版头

公文首页红色分隔线（宽度同版心，即156mm）以上的部分称为版头。版头部分包括以下几个要素。

1．公文份数序号

公文份数序号是将同一文稿印制若干份时每份公文的顺序编号，简称份号。涉密公文要求标识份号。如需标识公文份数序号，一般用6位3号阿拉伯数字，顶格编排在版心左上角第一行。对份数序号，可用印号机手工在成文上加盖，也可用印刷设备与成文同时印刷。

2．秘密等级和保密期限

秘密等级（简称为密级）是标识公文保密程度的一种标志。公文的保密程度分为绝密、机密、秘密三级。绝密是最重要的党和国家秘密，泄露会使国家安全遭受特别严重损害；机密的泄露会使国家安全遭受严重损害；秘密的泄露会使国家安全遭受到损害。

按照《国家秘密保密期限的规定》（1990年9月19日国家保密局发布，第2号令）之规定，国家秘密的保密期限，除有特殊规定外，绝密级事项不超过30年；机密级事项不超过20年；秘密级事项不超过10年。保密期限在1年以上的，以年计；保密期限在1年以内的，以月计。

涉及国家秘密的公文，应当按照国家秘密及其密级具体范围的规定分别标注"绝密""机密"或"秘密"。

如需标识秘密等级，用3号黑体字，顶左格标识在版心左上角第2行，两字之间空1字格；如需同时标识秘密等级和保密期限，用3号黑体字，顶格标识在版心左上角第2行，秘密等级和保密期限之间用"★"隔开，秘密两字之间不空字格。

3．紧急程度

紧急程度是对公文送达时限的要求，指公文处理中的运转速度。根据紧急程度，紧急公文应当分别标注"特急""加急"，电报应当分别标注"特提""特急""加急""平急"。

如需标识紧急程度，用3号黑体字，两字之间空1字格，顶格标识在版心左上角。如需同时标注份号、密级和保密期限、紧急程度，按照份号、密级和保密期限、紧急程度的顺序自上而下分行排列。

4．发文机关标志

发文机关标志也叫"文头""版头"，即老百姓俗称的"红头文件"，是公文制发机关的标识，表明作者的归属。

由发文机关全称或者规范化简称加"文件"二字组成，也可以使用发文机关全称或者规范化简称。

发文机关标志居中排布，上边缘至版心上边缘为35mm，推荐使用小标宋体字，颜色为红色，以醒目、美观、庄重为原则。

联合行文时，如需同时标注联署发文机关名称，一般应当将主办机关名称排列在前；如有"文件"二字，应当置于发文机关名称右侧，以联署发文机关名称为准上下居中排布。

5．发文字号

发文字号又称发文号、文号、文件字号，是指某一个公文在发文机关一个年度内发文总号中的实际顺序号。它由发文机关代字、年份和发文顺序号组成。年份、发文顺序号用阿拉伯数字标注；年份应标全称，用六角括号"〔〕"括入；发文顺序号不加"第"字，不编虚位（即1不编为01），在阿拉伯数字后加"号"字。

下行文和平行文的发文字号编排在"发文机关标志"下空两行位置，居中排布；上行文的发文字号居左空一字编排，与最后一个签发人姓名处在同一行。

例如国务院办公厅2022年的1号公文就可以这样写发文字号：国办发〔2022〕1号；鲁政发〔2022〕6号代表的是山东省人民政府在2022年度所制发的第6号公文。

机关之间的联合行文，标注主办机关的发文字号；与其他机关联合行文，原则上应使用排列在前的机关的发文字号，也可以协商确定，但是只能标注一个机关的发文字号。

发文字号的作用，一是便于登记；二是便于分类、归档；三是便于查找、引用。

6．签发人

上报的公文即上行文要求标识签发人姓名，平行排列于发文字号右侧。

由"签发人"三字加全角冒号和签发人姓名组成，居右空一字，编排在发文机关标志下空二行位置。"签发人"三字用3号仿宋体字，签发人姓名用3号楷体字。

如有多个签发人，签发人姓名按照发文机关的排列顺序从左到右、自上而下依次均匀编排，一般每行排两个姓名，回行时与上一行第一个签发人姓名对齐。

联合行文一般由主办机关首先签署意见，协办单位依次会签。一般不使用复印件会签。

7．版头中的分隔线

发文字号之下4mm处居中印一条与版心等宽的红色分隔线。加红色分隔线的目的是使文件眉首更醒目、更美观。

（二）主体

公文首页红色分隔线（不含）以下、公文末页首条分隔线（不含）以上的部分称为主体。主体部分包括以下几个要素。

1．公文标题

公文标题是对公文内容的高度概括。完整的公文标题由发文机关、事由和文种三个部分组成，通常称为公文标题"三要素"。

公文标题应当准确简要地概括公文的主要内容，并标明公文种类。概括事由是公文标题拟制的关键。要避免意义模糊，含混不清，令人不知所云。

公文标题中除法规、规章制度名称加书名号外，一般不用标点符号。

一般用2号小标宋体字，编排于红色分隔线下空二行位置，分一行或多行居中排布；回行时，要做到词意完整，排列对称，长短适宜，间距恰当，标题排列应当使用梯形或菱形。

2．主送机关

主送机关也叫"抬头""上款"，是指公文的主要受理机关，应当使用全称或者规范化简称、统称。编排于标题下空一行位置，居左顶格，回行时仍顶格，最后一个机关名称后标全角冒号。如主送机关名称过多导致公文首页不能显示正文时，应当将主送机关名称移至版记，标识方法同抄送机关。

3．正文

正文是公文的核心内容，用来表述公文的具体内容。公文首页必须显示正文。

一般用3号仿宋体字，编排于主送机关名称下一行，每个自然段左空二字，回行顶格。文中结构层次序数依次可以用"一、""（一）""1.""（1）"标注；一般第一层用黑体字、第二层用楷体字、第三层和第四层用仿宋体字标注。

4．附件

附件是公文的组成部分，指随文发送的文件、报表、材料等，作为正文的补充说明或者参考材料。公文正文中有些内容，如图表、名单等，如穿插在公文正文中，往往会隔断公文前后的联系而造成阅读上的不便，这时需要将其从公文正文中抽出而作为公文的附件单独表述。不是所有的公文都有附件，根据需要而定。

附件与公文正件具有同等执行效用，比如转发性、发布性的通知，其转发和发布的内容通常是以附件的形式出现的，这里的附件与正件具有同等效用。附件的位置在公文生效标识印章之前。

如有附件，在正文下空一行左空二字编排"附件"二字，后标全角冒号和附件名称。如有多个附件，使用阿拉伯数字标注附件顺序号（如附件：1.××××）；附件名称后不加标点符号。附件名称较长需回行时，应当与上一行附件名称的首字对齐。

附件应当另面编排,并在版记之前,与公文正文一起装订。"附件"二字及附件顺序号用3号黑体字顶格编排在版心左上角第一行。附件标题居中编排在版心第三行。附件顺序号和附件标题应当与附件说明的表述一致。附件格式要求同正文。

如附件与正文不能一起装订,应当在附件左上角第一行顶格编排公文的发文字号并在其后标注"附件"二字及附件顺序号。

5．发文机关署名、成文日期

发文机关是公文的作者和制发单位。发文机关要写全称或者规范化简称。如果是联合行文,主办机关在前。此要素不能省略。

成文日期即公文生效的时间,无成文日期则公文成为一纸空文。署会议通过或者发文机关负责人签发的日期。联合行文时,署最后签发机关负责人签发的日期。成文日期中的数字用阿拉伯数字将年、月、日标全,年份应标全称,月、日不编虚位(即1不编为01)。

6．印章

公文中有发文机关署名的,应当加盖发文机关印章,并与署名机关相符。有特定发文机关标志的普发性公文和电报可以不加盖印章。

(1)加盖印章的公文。成文日期一般右空四字编排,印章用红色,不得出现空白印章。

单一机关行文时,一般在成文日期之上、以成文日期为准居中编排发文机关署名,印章端正、居中下压发文机关署名和成文日期,使发文机关署名和成文日期居印章中心偏下位置,印章顶端应当上距正文(或附件说明)一行之内。

联合行文时,一般将各发文机关署名按照发文机关顺序整齐排列在相应位置,并将印章一一对应、端正、居中下压发文机关署名,最后一个印章端正、居中下压发文机关署名和成文日期,印章之间排列整齐、互不相交或相切,每排印章两端不得超出版心,首排印章顶端应当上距正文(或附件说明)一行之内。

(2)不加盖印章的公文。单一机关行文时,在正文(或附件说明)下空一行右空二字编排发文机关署名,在发文机关署名下一行编排成文日期,首字比发文机关署名首字右移二字,如成文日期长于发文机关署名,应当使成文日期右空二字编排,并相应增加发文机关署名右空字数。

联合行文时,应当先编排主办机关署名,其余发文机关署名依次向下编排。

(3)加盖签发人签名章的公文。单一机关制发的公文加盖签发人签名章时,在正文(或附件说明)下空二行右空四字加盖签发人签名章,签名章左空二字标注签发人职务,以签名章为准上下居中排布。在签发人签名章下空一行右空四字编排成文日期。

联合行文时，应当先编排主办机关签发人职务、签名章，其余机关签发人职务、签名章依次向下编排，与主办机关签发人职务、签名章上下对齐；每行只编排一个机关的签发人职务、签名章；签发人职务应当标注全称。

签名章一般用红色。

特殊情况说明：当公文排版后所剩空白处不能容下印章或签发人签名章、成文日期时，可以采取调整行距、字距的措施解决。

7．附注

附注一般是对公文的发放范围、使用时需要注意的事项加以说明。如此件可见报、此件可自行翻印等。如有附注，居左空二字加圆括号编排在成文日期下一行。如果是上行文"请示"，则应当在附注处注明联系人的姓名和电话号码。

（三）版记

公文末页首条分隔线以下、末条分隔线以上的部分称为版记。版记应置于公文最后一页，版记的最后一个要素置于最后一行。公文主体之后的空白如容不下版记的位置，需另起一页标识版记，采用调整行距、字距的方法使正文与印章同处一个页面。如附件后的空白能容下版记，而该页又是双页，此时版记应置于该空白处。如是转发的文件，原件也有版记，此版记不能代替转发文件的版记，应另标注版记。

版记部分包括以下三个要素。

1．版记中的分隔线

版记中的分隔线与版心等宽，首条分隔线和末条分隔线用粗线（推荐高度为0.35mm），中间的分隔线用细线（推荐高度为0.25mm）。首条分隔线位于版记中第一个要素之上，末条分隔线与公文最后一面的版心下边缘重合。

2．抄送机关

抄送机关是指除主送机关外需要执行或知晓公文的其他机关，应当使用全称或者规范化简称、统称。

如有抄送机关，一般用4号仿宋体字，在印发机关和印发日期之上一行、左右各空一字编排。"抄送"二字后加全角冒号和抄送机关名称，回行时与冒号后的首字对齐，最后一个抄送机关名称后标句号。

如需把主送机关移至版记，除将"抄送"二字改为"主送"外，编排方法同抄送机关。既有主送机关又有抄送机关时，应当将主送机关置于抄送机关之上一行，之间不加分隔线。

标注按上级、平级、下级和党、政、军、群的顺序，人大、政协、法院、检察院置于最后一行。

3. 印发机关和印发时间

印发机关是指公文的印制主管部门，一般是各单位的办公室或文秘部门。

印发机关和印发日期一般用4号仿宋体字，编排在末条分隔线之上，印发机关左空一字，印发日期右空一字，用阿拉伯数字将年、月、日标全，年份应标全称，月、日不编虚位（即1不编为01），后加"印发"二字。

版记中如有其他要素，应当将其与印发机关和印发日期用一条细分隔线隔开。

印发单位与印发时间为一行位置，如果印发单位字数太多，可自行简化。

（四）页码

公文的页码，是位于版心之外的。一般用4号半角宋体阿拉伯数字，编排在公文版心下边缘之下，数字左右各放一条一字线；一字线上距版心下边缘7mm。单页码居右空一字，双页码居左空一字。公文的版记页前有空白页的，空白页和版记页均不编排页码。公文的附件与正文一起装订时，页码应当连续编排。

页码分别置于公文左下角或右下角，并在页码左右各放一字线，是为了方便阅读。

二 行政公文的特定格式

（一）信函式格式

公文的信函格式是被广泛采用的一种公文特殊格式。主要用于发布、传达要求下级机关执行和有关单位周知或执行的事项，报送方案，商洽、询问、答复或者说明某件具体事项。信函格式相对简单，易操作，在各级行政机关的公文中广泛应用，常用于通知、批复、函等文种的公文中。

发文机关标志使用发文机关全称或者规范化简称，居中排布，上边缘至上页边为30mm，推荐使用红色小标宋体字。联合行文时，使用主办机关标志。

发文机关标志下4mm处印一条红色双线（上粗下细），距下页边20mm处印一条红色双线（上细下粗），线长均为170mm，居中排布。

如需标注份号、密级和保密期限、紧急程度，应当顶格居版心左边缘编排在第一条红色双线下，按照份号、密级和保密期限、紧急程度的顺序自上而下分行排列，第一个要素与该线的距离为3号汉字高度的7/8。

发文字号顶格居版心右边缘编排在第一条红色双线下，与该线的距离为3号汉字高度的7/8。

标题居中编排，与其上最后一个要素相距二行。

第二条红色双线上一行如有文字，与该线的距离为3号汉字高度的7/8。

首页不显示页码。

版记不加印发机关和印发日期、分隔线，位于公文最后一面版心内最下方。

（二）命令（令）格式

发文机关标志由发文机关全称加"命令"或"令"字组成，居中排布，上边缘至版心上边缘为20mm，推荐使用红色小标宋体字。

发文机关标志下空二行居中编排令号，令号下空二行编排正文。

（三）纪要格式

纪要标志由"××××纪要"组成，居中排布，上边缘至版心上边缘为35mm，推荐使用红色小标宋体字。

标注出席人员名单，一般用3号黑体字，在正文或附件说明下空一行左空二字编排"出席"二字，后标全角冒号，冒号后用3号仿宋体字标注出席人单位、姓名，回行时与冒号后的首字对齐。

标注请假和列席人员名单，除依次另起一行并将"出席"二字改为"请假"或"列席"外，编排方法同出席人员名单。

纪要格式可以根据实际制定。

注意事项

一、公文格式变化口诀

公文格式新国标，密级紧急左上角，印章署名要齐全，成文日期用数字，主题词不再标，公文页码不可少。

二、"新条例"和"旧办法"的区别

（1）《党政机关公文处理工作条例》是全新的首次统一党政机关公文处理规范标准。

（2）在"文种"方面，在《国家行政机关公文处理办法》的13个文种基础上，增加了"决议"和"公报"两个文种，共15个文种。

（3）在"格式"方面，取消了主题词；行政公文也要署发文机关名称；增加页码。

（4）在公文拟制方面，要求"重要公文"由主要负责人签发。

（5）在行文规则方面，增加"不得以本机关负责人名义向上级机关报送公文"。

（6）在公文管理方面，增加发文立户的规定。

学而思

一、完成"任务导入"部分的写作内容。画出眉首和版记。

二、指出下列公文格式方面存在的错误。

学而思
参考答案

××市府公文

（23）×府发21号

××市人民政府严厉打击非法出版活动的通知

当前，我市一些地方非法出版活动十分猖獗，传播有害书刊和音像制品。这类出版物内容腐朽，大量宣传凶杀、色情和迷信，对群众特别是青少年的身心健康危害极大，严重地影响了社会主义精神文明的建设，破坏社会安定，已成为社会一大公害。对此，各级政府应立即采取有力措施，严厉打击非法出版活动。现将有关事项通知如下：（以下略）

附件：如文

××市人民政府

2023年×月×日

主题词：出版　　通知

报：（单位略）送：（单位略）

二〇二三年×月×日　　　　××市人民政府办公厅　印

（共印500份）

【附录】

图1：下行文、平行文首页版式

图2：上行文首页版式

图3：公文末页版式

图4：信函式格式

注意：版心实线框仅为示意，在公文印制时并不印出。

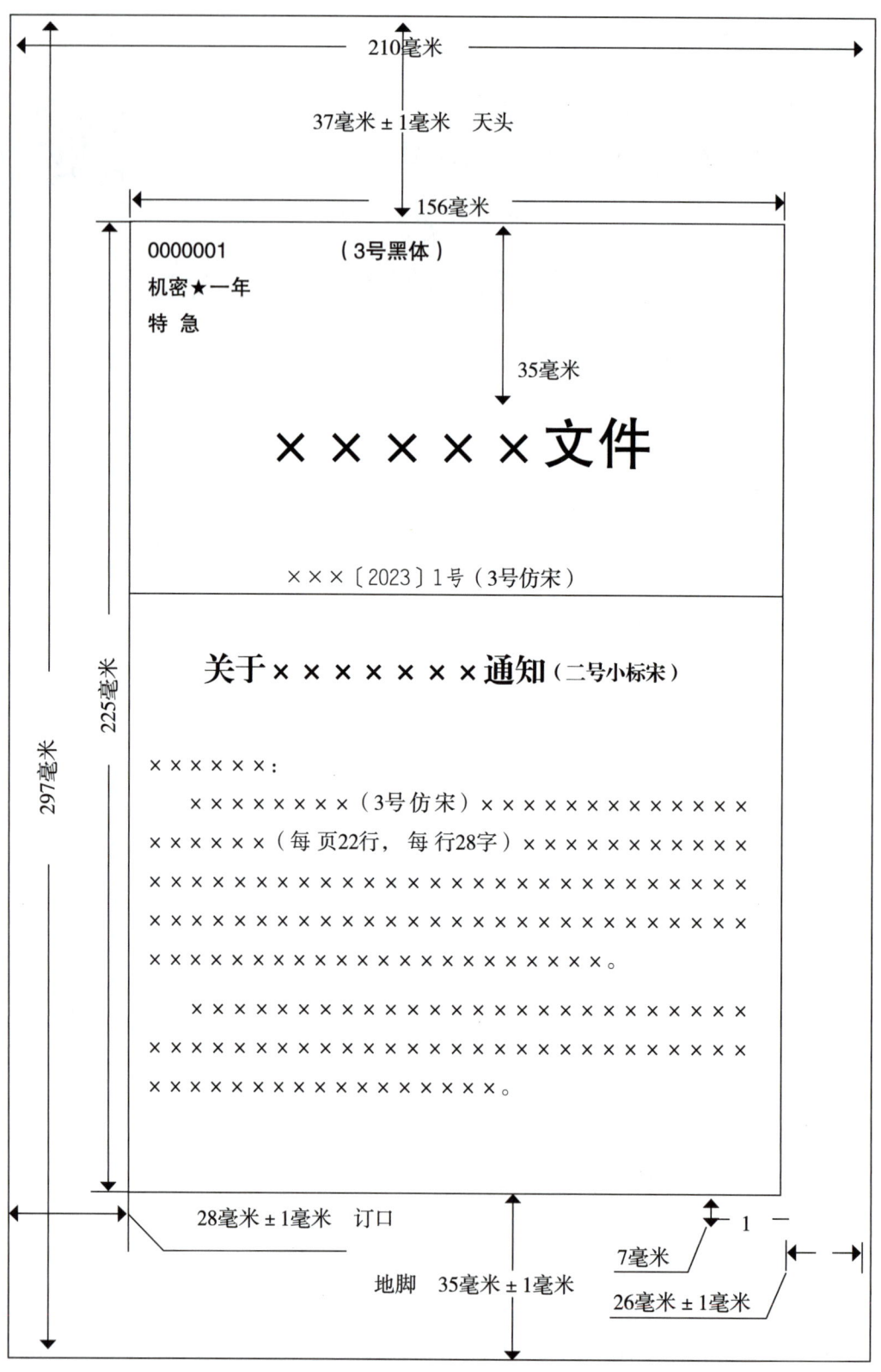

0000001　　　　（3号黑体）

秘密★一年

特　急

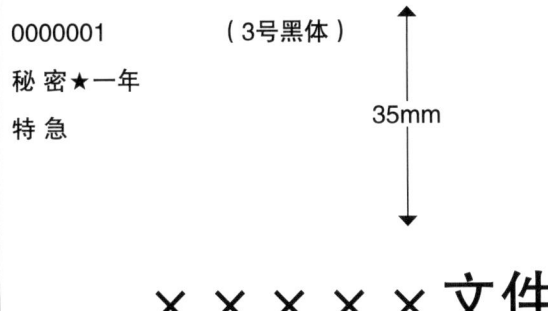

35mm

××〔2023〕1号　　　　　　　　签发人：×××

××××××**请示**（二号小标宋）

×××××建委：

　　×××××××（3号仿宋）××××××××××××××××（每页22行，每行28字）××××××××××××××××××。

　　××。

　　××××××××××××××××××××××××××××××××××××。

—1—

×××××××××××。

附件：1.××××××××××
　　　2.××××××××××
　　　3.××××××××××

发文机关（加盖印章）
2023年3月1日

（×××××，××××××）

抄送：×××××××××，×××××××××，××××
×，×××××××。（3号仿宋）

×××（3号仿宋）　　　　　　　　2023年3月1日印发

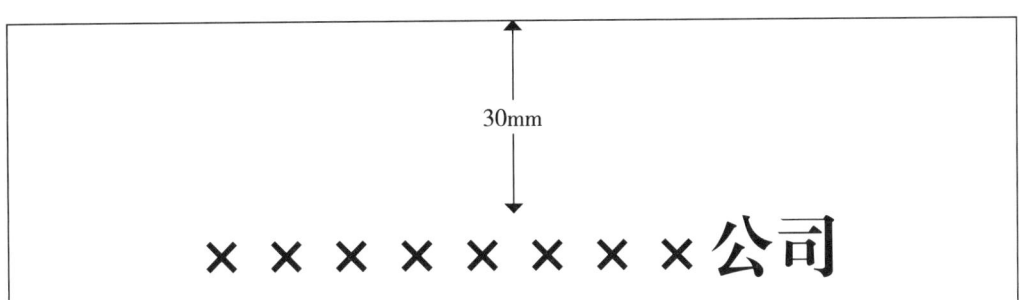

秘　密
特　急

×××〔2023〕1号

关于××××的函

2012年党政机关公文处理工作条例

中办发〔2012〕14号

第一章 总则

第一条 为了适应中国共产党机关和国家行政机关（以下简称党政机关）工作需要，推进党政机关公文处理工作科学化、制度化、规范化，制定本条例。

第二条 本条例适用于各级党政机关公文处理工作。

第三条 党政机关公文是党政机关实施领导、履行职能、处理公务的具有特定效力和规范体式的文书，是传达贯彻党和国家方针政策，公布法规和规章，指导、布置和商洽工作，请示和答复问题，报告、通报和交流情况等的重要工具。

第四条 公文处理工作是指公文拟制、办理、管理等一系列相互关联、衔接有序的工作。

第五条 公文处理工作应当坚持实事求是、准确规范、精简高效、安全保密的原则。

第六条 各级党政机关应当高度重视公文处理工作，加强组织领导，强化队伍建设，设立文秘部门或者由专人负责公文处理工作。

第七条 各级党政机关办公厅（室）主管本机关的公文处理工作，并对下级机关的公文处理工作进行业务指导和督促检查。

第二章 公文种类

第八条 公文种类主要有：

（一）决议。适用于会议讨论通过的重大决策事项。

（二）决定。适用于对重要事项做出决策和部署、奖惩有关单位和人员、变更或者撤销下级机关不适当的决定事项。

（三）命令（令）。适用于公布行政法规和规章、宣布施行重大强制性措施、批准授予和晋升衔级、嘉奖有关单位和人员。

（四）公报。适用于公布重要决定或者重大事项。

（五）公告。适用于向国内外宣布重要事项或者法定事项。

（六）通告。适用于在一定范围内公布应当遵守或者周知的事项。

（七）意见。适用于对重要问题提出见解和处理办法。

（八）通知。适用于发布、传达要求下级机关执行和有关单位周知或者执行的事项，批转、转发公文。

（九）通报。适用于表彰先进、批评错误、传达重要精神和告知重要情况。

（十）报告。适用于向上级机关汇报工作、反映情况，回复上级机关的询问。

（十一）请示。适用于向上级机关请求指示、批准。

（十二）批复。适用于答复下级机关请示事项。

（十三）议案。适用于各级人民政府按照法律程序向同级人民代表大会或者人民代表大会常务委员会提请审议事项。

（十四）函。适用于不相隶属机关之间商洽工作、询问和答复问题、请求批准和答复审批事项。

（十五）纪要。适用于记载会议主要情况和议定事项。

第三章　公文格式

第九条　公文一般由份号、密级和保密期限、紧急程度、发文机关标志、发文字号、签发人、标题、主送机关、正文、附件说明、发文机关署名、成文日期、印章、附注、附件、抄送机关、印发机关和印发日期、页码等组成。

（一）份号。公文印制份数的顺序号。涉密公文应当标注份号。

（二）密级和保密期限。公文的秘密等级和保密的期限。涉密公文应当根据涉密程度分别标注"绝密""机密""秘密"和保密期限。

（三）紧急程度。公文送达和办理的时限要求。根据紧急程度，紧急公文应当分别标注"特急""加急"，电报应当分别标注"特提""特急""加急""平急"。

（四）发文机关标志。由发文机关全称或者规范化简称加"文件"二字组成，也可以使用发文机关全称或者规范化简称。联合行文时，发文机关标志可以并用联合发文机关名称，也可以单独用主办机关名称。

（五）发文字号。由发文机关代字、年份、发文顺序号组成。联合行文时，使用主办机关的发文字号。

（六）签发人。上行文应当标注签发人姓名。

（七）标题。由发文机关名称、事由和文种组成。

（八）主送机关。公文的主要受理机关，应当使用机关全称、规范化简称或者同类型机关统称。

（九）正文。公文的主体，用来表述公文的内容。

（十）附件说明。公文附件的顺序号和名称。

（十一）发文机关署名。署发文机关全称或者规范化简称。

（十二）成文日期。署会议通过或者发文机关负责人签发的日期。联合行文时，署最后签发机关负责人签发的日期。

（十三）印章。公文中有发文机关署名的，应当加盖发文机关印章，并与署名机关相符。有特定发文机关标志的普发性公文和电报可以不加盖印章。

（十四）附注。公文印发传达范围等需要说明的事项。

（十五）附件。公文正文的说明、补充或者参考资料。

（十六）抄送机关。除主送机关外需要执行或者知晓公文内容的其他机关，应当使用机关全称、规范化简称或者同类型机关统称。

（十七）印发机关和印发日期。公文的送印机关和送印日期。

第十条　公文的版式按照《党政机关公文格式》国家标准执行。

第十一条　公文使用的汉字、数字、外文字符、计量单位和标点符号等，按照有关国家标准和规定执行。民族自治地方的公文，可以并用汉字和当地通用的少数民族文字。

第十二条　公文用纸幅面采用国际标准A4型。特殊形式的公文用纸幅面，根据实际需要确定。

第四章　行文规则

第十三条　行文应当确有必要，讲求实效，注重针对性和可操作性。

第十四条　行文关系根据隶属关系和职权范围确定。一般不得越级行文，特殊情况需要越级行文的，应当同时抄送被越过的机关。

第十五条　向上级机关行文，应当遵循以下规则：

（一）原则上主送一个上级机关，根据需要同时抄送相关上级机关和同级机关，不抄送下级机关。

（二）党委、政府的部门向上级主管部门请示、报告重大事项，应当经本级党委、政府同意或者授权；属于部门职权范围内的事项应当直接报送上级主管部门。

（三）下级机关的请示事项，如需以本机关名义向上级机关请示，应当提出倾向性意见后上报，不得原文转报上级机关。

（四）请示应当一文一事。不得在报告等非请示性公文中夹带请示事项。

（五）除上级机关负责人直接交办事项外，不得以本机关名义向上级机关负责人报送公文，不得以本机关负责人名义向上级机关报送公文。

（六）受双重领导的机关向一个上级机关行文，必要时抄送另一个上级机关。

第十六条　向下级机关行文，应当遵循以下规则：

（一）主送受理机关，根据需要抄送相关机关。重要行文应当同时抄送发文机关的直接上级机关。

（二）党委、政府的办公厅（室）根据本级党委、政府授权，可以向下级党委、政府行文，其他部门和单位不得向下级党委、政府发布指令性公文或者在公文中向下级党委、政府提出指令性要求。需经政府审批的具体事项，经政府同意后可以由政府职能部门行文，文中须注明已经政府同意。

（三）党委、政府的部门在各自职权范围内可以向下级党委、政府的相关部门行文。

（四）涉及多个部门职权范围内的事务，部门之间未协商一致的，不得向下行文；擅自行文的，上级机关应当责令其纠正或者撤销。

（五）上级机关向受双重领导的下级机关行文，必要时抄送该下级机关的另一个上级机关。

第十七条　同级党政机关、党政机关与其他同级机关必要时可以联合行文。属于党委、政府各自职权范围内的工作，不得联合行文。党委、政府的部门依据职权可以相互行文。部门内设机构除办公厅（室）外不得对外正式行文。

第五章　公文拟制

第十八条　公文拟制包括公文的起草、审核、签发等程序。

第十九条　公文起草应当做到：

（一）符合国家法律法规和党的路线方针政策，完整准确体现发文机关意图，并同现行有关公文相衔接。

（二）一切从实际出发，分析问题实事求是，所提政策措施和办法切实可行。

（三）内容简洁，主题突出，观点鲜明，结构严谨，表述准确，文字精练。

（四）文种正确，格式规范。

（五）深入调查研究，充分进行论证，广泛听取意见。

（六）公文涉及其他地区或者部门职权范围内的事项，起草单位必须征求相关地区或者部门意见，力求达成一致。

（七）机关负责人应当主持、指导重要公文起草工作。

第二十条　公文文稿签发前，应当由发文机关办公厅（室）进行审核。审核的重点是：

（一）行文理由是否充分，行文依据是否准确。

（二）内容是否符合国家法律法规和党的路线方针政策；是否完整准确体现发文

机关意图；是否同现行有关公文相衔接；所提政策措施和办法是否切实可行。

（三）涉及有关地区或者部门职权范围内的事项是否经过充分协商并达成一致意见。

（四）文种是否正确，格式是否规范；人名、地名、时间、数字、段落顺序、引文等是否准确；文字、数字、计量单位和标点符号等用法是否规范。

（五）其他内容是否符合公文起草的有关要求。

需要发文机关审议的重要公文文稿，审议前由发文机关办公厅（室）进行初核。

第二十一条　经审核不宜发文的公文文稿，应当退回起草单位并说明理由；符合发文条件但内容需作进一步研究和修改的，由起草单位修改后重新报送。

第二十二条　公文应当经本机关负责人审批签发。重要公文和上行文由机关主要负责人签发。党委、政府的办公厅（室）根据党委、政府授权制发的公文，由受权机关主要负责人签发或者按照有关规定签发。签发人签发公文，应当签署意见、姓名和完整日期；圈阅或者签名的，视为同意。联合发文由所有联署机关的负责人会签。

第六章　公文办理

第二十三条　公文办理包括收文办理、发文办理和整理归档。

第二十四条　收文办理主要程序是：

（一）签收。对收到的公文应当逐件清点，核对无误后签字或者盖章，并注明签收时间。

（二）登记。对公文的主要信息和办理情况应当详细记载。

（三）初审。对收到的公文应当进行初审。初审的重点是：是否应当由本机关办理，是否符合行文规则，文种、格式是否符合要求，涉及其他地区或者部门职权范围内的事项是否已经协商、会签，是否符合公文起草的其他要求。经初审不符合规定的公文，应当及时退回来文单位并说明理由。

（四）承办。阅知性公文应当根据公文内容、要求和工作需要确定范围后分送。批办性公文应当提出拟办意见报本机关负责人批示或者转有关部门办理；需要两个以上部门办理的，应当明确主办部门。紧急公文应当明确办理时限。承办部门对交办的公文应当及时办理，有明确办理时限要求的应当在规定时限内办理完毕。

（五）传阅。根据领导批示和工作需要将公文及时送传阅对象阅知或者批示。办理公文传阅应当随时掌握公文去向，不得漏传、误传、延误。

（六）催办。及时了解掌握公文的办理进展情况，督促承办部门按期办结。紧急公文或者重要公文应当由专人负责催办。

（七）答复。公文的办理结果应当及时答复来文单位，并根据需要告知相关单位。

第二十五条　发文办理主要程序是：

（一）复核。已经发文机关负责人签批的公文，印发前应当对公文的审批手续、内容、文种、格式等进行复核；需作实质性修改的，应当报原签批人复审。

（二）登记。对复核后的公文，应当确定发文字号、分送范围和印制份数并详细记载。

（三）印制。公文印制必须确保质量和时效。涉密公文应当在符合保密要求的场所印制。

（四）核发。公文印制完毕，应当对公文的文字、格式和印刷质量进行检查后分发。

第二十六条　涉密公文应当通过机要交通、邮政机要通信、城市机要文件交换站或者收发件机关机要收发人员进行传递，通过密码电报或者符合国家保密规定的计算机信息系统进行传输。

第二十七条　需要归档的公文及有关材料，应当根据有关档案法律法规以及机关档案管理规定，及时收集齐全、整理归档。两个以上机关联合办理的公文，原件由主办机关归档，相关机关保存复制件。机关负责人兼任其他机关职务的，在履行所兼职务过程中形成的公文，由其兼职机关归档。

第七章　公文管理

第二十八条　各级党政机关应当建立健全本机关公文管理制度，确保管理严格规范，充分发挥公文效用。

第二十九条　党政机关公文由文秘部门或者专人统一管理。设立党委（党组）的县级以上单位应当建立机要保密室和机要阅文室，并按照有关保密规定配备工作人员和必要的安全保密设施设备。

第三十条　公文确定密级前，应当按照拟定的密级先行采取保密措施。确定密级后，应当按照所定密级严格管理。绝密级公文应当由专人管理。公文的密级需要变更或者解除的，由原确定密级的机关或者其上级机关决定。

第三十一条　公文的印发传达范围应当按照发文机关的要求执行；需要变更的，应当经发文机关批准。涉密公文公开发布前应当履行解密程序。公开发布的时间、形式和渠道，由发文机关确定。经批准公开发布的公文，同发文机关正式印发的公文具有同等效力。

第三十二条　复制、汇编机密级、秘密级公文，应当符合有关规定并经本机关负责人批准。绝密级公文一般不得复制、汇编，确有工作需要的，应当经发文机关或者其上级机关批准。复制、汇编的公文视同原件管理。复制件应当加盖复制机关戳记。翻印件应当注明翻印的机关名称、日期。汇编本的密级按照编入公文的最高密级标注。汇编，确有工作需要的，应当经发文机关或者其上级机关批准。复制、汇编的公文视同原件管理。

复制件应当加盖复制机关戳记。翻印件应当注明翻印的机关名称、日期。汇编本的密级按照编入公文的最高密级标注。

第三十三条　公文的撤销和废止，由发文机关、上级机关或者权力机关根据职权范围和有关法律法规决定。公文被撤销的，视为自始无效；公文被废止的，视为自废止之日起失效。

第三十四条　涉密公文应当按照发文机关的要求和有关规定进行清退或者销毁。

第三十五条　不具备归档和保存价值的公文，经批准后可以销毁。销毁涉密公文必须严格按照有关规定履行审批登记手续，确保不丢失、不漏销。个人不得私自销毁、留存涉密公文。

第三十六条　机关合并时，全部公文应当随之合并管理；机关撤销时，需要归档的公文经整理后按照有关规定移交档案管理部门。

工作人员离岗离职时，所在机关应当督促其将暂存、借用的公文按照有关规定移交、清退。

第三十七条　新设立的机关应当向本级党委、政府的办公厅（室）提出发文立户申请。经审查符合条件的，列为发文单位，机关合并或者撤销时，相应进行调整。

第八章　附则

第三十八条　党政机关公文含电子公文。电子公文处理工作的具体办法另行制定。

第三十九条　法规、规章方面的公文，依照有关规定处理。外事方面的公文，依照外事主管部门的有关规定处理。

第四十条　其他机关和单位的公文处理工作，可以参照本条例执行。

第四十一条　本条例由中共中央办公厅、国务院办公厅负责解释。

第四十二条　本条例自2012年7月1日起施行。1996年5月3日中共中央办公厅发布的《中国共产党机关公文处理条例》和2000年8月24日国务院发布的《国家行政机关公文处理办法》停止执行。

二〇一二年四月十二日

任务2

下级向上级请求指示、批准
——请示

教学目标

知识目标
1. 掌握请示的概念，了解请示的特点和种类
2. 掌握请示标题的写作形式和主送机关的写法
3. 掌握请示正文的写作内容和结构方式
4. 了解请示写作的注意事项

能力目标
1. 能够写作符合规范的请示
2. 能够形成良好的具体问题具体分析的能力
3. 能够形成良好的发现并解决问题的能力
4. 能够形成良好的团队合作能力

素质目标
1. 使学生养成立足当下、面向未来的职业前瞻性
2. 使学生通过规范化的写作树立规范意识、规则意识
3. 培养学生团结协作、敢于担责、爱岗敬业的职业道德
4. 培养学生积极向上、追求进步的工作态度和生活态度

任务导入

××商贸有限公司拟于近期举办产品推介会，此次产品推介会的举办，需要得到××商贸有限总公司的批准，请问应该用什么样的文种来行文？你能帮助刚刚着手学习党政机关公文的陈小刚来完成这份写作材料吗？

知识百宝箱

一、文种介绍

（一）请示的概念

《党政机关公文处理工作条例》规定，请示适用于向上级机关请求指示、批准。请示是机关工作中常用的期请性上行文。其行文目的就是请求上级机关对工作中的问题予以批示和答复。

（二）请示的特点

请求性 请示是请求上级指示和批准的，因此请示是具有请求的性质的。在这一点上，请示和报告不同，报告是向上级汇报工作，反映情况的，因此具有陈述的性质。

单一性 请示应坚持"一文一事"的原则，一份请示只写一个请示事项，一文多事会贻误工作。请示一般只写一个主送机关，多头请示容易出现因职责不明而相互推诿，无法及时批复，或因为多头批复意见不统一，使得请示单位无所适从。如果确实需要同时报送其他机关，也可以用抄送形式。

求复性 请示是有针对性的上行文，请示的目的就是请求上级指示和批准，解决实际的具体问题的。上级机关对呈报的请示事项，无论同意与否，都必须给予明确的"批复"回文，请求答复是请示区别于报告的一个显著的特点。

超前性 请示必须在事前行文，等上级机关做出了具体的批复以后才能把请示事项付诸实施，没有上级机关明确的答复，请示机关就不能自作主张行事，也不能边请示边运作，更不能先斩后奏。

（三）请示的种类

请示按内容和性质不同，可以分为以下三类。

1. **请求解除疑问的请示**

这是请求上级机关给予指示和裁决的请示。适用于以下三种情况：

（1）遇到新情况、新问题，而现有的有关方针、政策、规章以及上级的指示中，都找不到相应的处理依据，无章可循，因而无所适从，需要上级机关给予指示。

（2）虽然有章可循，但是对有关方针、政策或上级机关发布的规定、指示存在疑问或者有不同的意见，需要上级机关给予解释和说明。

（3）与协作单位在较重要的问题上出现意见分歧，需要上级机关裁决。

2．请求批准的请示

下级机关限于自己的职权，无权自己办理或决定的事项，所以请求上级机关审核并且批准。

3．请求支持、帮助的请示

下级机关遇到了仅靠自己的力量很难克服或无法克服的困难，需要上级机关给予人力、物力或者财力方面的支持以帮助解决当下的困难，所以这一类的请示也叫解决困难的请示。

文种写作技巧和方法

一份请示，一般由标题、主送机关、正文、落款四部分组成。

（一）标题

请示的标题有两种写法：一是完整式，即由发文机关+事由+文种组成。如《××省大学关于扩建校舍的请示》；二是省略式，可以省略发文机关，由事由+文种组成标题。如《关于增设空中乘务专业的请示》。

请示的标题要规范。请示是国家法定公文，其标题的撰拟也要符合规范，而不能主观随意。请示标题最常见的错误是将"请示"这一文种写成"请示报告"，如上所述，"报告"和"请示"是两个不同的文种，两者连用，不伦不类，应该避免。

另外，请示的"请"已经包含有请求、申请的含义，因此事由部分的归纳概括，"关于"后面不宜再加动词申请、请求等，以避免语义重复。

（二）主送机关

主送机关是公文的主要受理机关，请示的主送机关是指负责受理和答复该文件的上级机关。要特别注意以下三点：

请示的主送机关有且只能有一个。请示一般只写一个主送机关，如需同时送其他机关，应当用抄送的形式。受双重领导的机关向上级机关行文，应当写明主送机关和抄送机关，由主送机关负责答复其请示事项。请示不得抄送其下级机关。请示如果多头行文，很可能得不到任何机关的批复。为防止推诿责任，规定请示只能单头主送。

只能主送上级机关，不能送领导者个人。也就是说请示主送的是上级机关，不能是某个领导者。

一般情况下不得越级请示。因为情况特殊，比如紧急情况或者碰到重大事项必须越级行文时，应抄送越过的上级机关。

（三）正文

请示正文一般由请示缘由、请示事项和请示结语三部分组成。

1．请示缘由

这是请示事项能否成立的前提条件，也是上级机关批复的根据。原因讲得客观、具体，理由讲得合理、充分，上级机关才能及时决断，予以有针对性的批复。一份请示能否得到上级的批准，很大程度上取决于请示缘由是否充分、言之有据，因此要抓住实质，命中要害。请示的缘由是写作请示的重头戏，因为缘由部分写得越充分，得到上级批复同意的可能性就越大。

2．请示事项

这是正文的主体，是向上级机关提出的具体请求，也是陈述缘由的目的所在。因而这部分要交代清楚请求上级机关帮助解决什么问题，明确地表达自己的看法，提出解决问题的建议，使上级机关有针对性地予以批示。

请示事项的内容要单一，一份请示只能请求一件事，即一事一请。请示事项要切合实际，具有可行性和可操作性。另外，请示事项要写得具体、明确，条理清晰，以便上级机关给予明确批复。

3．请示结语

应另起一段，习惯用语一般有"当否，请批示（复）""妥否，请批复""以上请示是否妥当，请予审批""以上意见是否可行，请予批复"或"以上请示如无不妥，请批转各地区、各部门研究执行"等。

请示的结语不能用"请从速批复""请尽快拨款，以解燃眉之急"等，命令、指令性的语言不能放在结语。

请示结语虽然只有简单的一句话，但却不可以省略。

（四）落款

请示落款包括发文机关署名和发文日期两部分。新条例规定不可以省略发文机关，发文日期要用阿拉伯数字来写，年月日都要齐全。加盖印章。

🔊 注意事项

一、请示与报告的异同

请示与报告都是上行文,共同点是:内容方面都要反映情况,陈述意见;格式方面,标题的写法一致。但请示和报告毕竟是两个不同的文种,它们的区别是:

(1)行文目的不同。报告着重在汇报工作,反映情况,向上级传达信息以便上级及时了解情况,并且予以支持;请示着重在请求上级机关解决某个问题或者批准某项要求,有解决问题的迫切性。

(2)内容要求不同。请示中可以反映情况,说明原因,陈述意见,请求上级答复;在报告中却不能含有请示事项,不需要上级机关答复。

(3)行文时限不同。请示必须是事前行文,不能先斩后奏;报告的时间可以灵活一点,事前、事后或者是事情进行中都可以行文,当然以事后行文居多。

(4)结尾用语不同。请示的结语是期请性的,要求上级机关答复;而报告是陈述性的,特此报告,不需要答复。

(5)主送机关不同。报告可以同时主送几个机关;请示主送机关只能有一个。

二、请示要坚持"五不要"的原则,即不要越级请示,不要多头请示,不要事后请示,不要一文多事,不要向领导者个人请示。

三、请示在行文时要坚持协商一致的原则。请示事项如果涉及其他平行机关或者有关部门的业务范围,应该事先与其协商,并且在请示中将协商结果予以说明。如果协商意见不统一,应该同时将不同意见及其理由在请示中反映出来,提请上级机关来研究决定。

选文参考

【选文1】

××县税务局
关于糯米纸适用税目、税率的请示

××地区税务局：

我县副食品加工厂生产一种糯米纸，它是用淀粉再加上约5%的明胶和很少的卵磷脂做成的透明薄膜，用于包装软糖，可以食用。

地区税务局《产品税税目税率表》上没有列举糯米纸。如何确定该产品的税目税率？对此，我们有三种意见：

第一种意见是，糯米纸也是纸，可用于包装，应按普通纸依10%的税率征税；

第二种意见是，糯米纸是用淀粉做成的，虽做包装用，却是随软糖供人食用，可按其他食品5%的税率征税；

第三种意见是，糯米纸是用淀粉加入其他物料后形成的薄膜，而纸应是用植物纤维加工而成的薄页，按照纸的定义，糯米纸不能归入纸类；另外，糯米纸虽能入口食用，但主要用途是用于软糖包装，不能视为食品。因此，糯米纸应按"其他工业品"依5%的税率征税。

我们多数同志倾向于第三种意见，即糯米纸应归入"其他工业品"一类，按5%的税率征税。

妥否，请批复。

××县税务局（公章）
2022年10月10日

简评 该选文是请求解除疑问的请示。在糯米纸适用税目、税率的问题上，县税务局在征税过程中产生了分歧，存在了三种不同的意见，因此向上级机关行文予以裁决。选文事实叙述清晰，有条理，结构完整。这类请示的写作，为了有利于快速审批，下级机关要在结尾部分标明自己的倾向性意见，或者进一步提出解决问题的办法、措施、意见与建议，供上级参考。

【选文2】

××市第二职中
关于要求解决学生宿舍拥挤等问题的请示

市人民政府、市教委：

我校今年由于住校生急剧增加，已有的学生宿舍已无法容纳，现在住校生基本上是一铺二人住宿，严重影响了学生的身心健康。为解决这一困难，我校决定再建一栋学生宿舍。

另外，我校图书馆也尚未达省"两基"标准，望上级部门给予适当支持。

特此请示。

××市第二职中

2023年7月26日

简评 选文属请求批准的请示。但是该选文存在多处错误。首先标题的拟定不准确，从正文内容来看，应该是请求同意扩建校舍。请示要一事一请，不能涉及多个事情，因此"校图书馆也尚未达省'两基'标准，望上级部门给予适当支持"事项应该再另外行文。请示的主送机关只能有一个，根据请示事项判断主送，另外一个机关可以抄送。请示缘由部分，叙述理由不充分，说服力不强；"决定"这个词指令性太强，不宜用于请示，可选用"拟"这个词。最后，用"特此请示"来结尾不太妥当，一般请示结语的惯用语是"妥否，请批示"。

【选文3】

××省人民政府
关于增拨防汛抢险救灾用油的请示

国务院：

今年入汛以来我省气候异常，旱涝交错，灾害的突发性、阶段性十分明显。进入汛期以后，出现3次较大的降雨过程，我省××、××、××、××等地区的十多个县发生了洪涝灾害。特别是进入8月份以后，嫩江连续发生两次大洪水，更加重了灾害程度（灾情统计待汇总核实后另文报告）。

近30多天，为战胜嫩江洪峰，确保沿江城镇、铁路、油田和人民生命财产安全，

××地区的镇赉、大安、前郭、扶余等县（市）以及××省驻军，每天出动12万多人、3.5万多台机动车辆，日夜抢修加固堤坝，运送抢险物资，现已耗用柴油3700吨、汽油2000吨。

据省防汛指挥部通告，嫩江江水消退到安全水位要到9月下旬。目前抗洪抢险的重点，已由加高、加实、加固堤坝，转为在200多千米长的堤坝上防风浪、抢险段，以避免渗水滑坡。抗洪战线长，洪峰消退慢，抢险工程量大，恢复生产、重建家园和修复水毁工程的任务十分艰巨。

为此，特请国家增拨抗洪抢险救灾用柴油5000吨、汽油5000吨。

妥否，请予审批。

××省人民政府

××××年××月××日

简评　选文属请求支持、帮助的请示。请国家增拨抗洪抢险救灾用柴油5000吨、汽油5000吨，请求的是物力的支持。根据篇幅可以看出，此类请示的写作重点在缘由部分，请示的事项较为简短，表述清楚、明白具体即可。结语不能省略，用惯用语。

学而思

一、完成"任务导入"部分的写作内容。

二、2020年夏季，××乡因连续多日遭受暴雨袭击，引发洪水灾害，受灾严重，于是××乡政府向上级政府递交了一份汇报灾情的报告，并在报告当中提及救灾款项的请求。但直到2020年年底，上级机关没有答复，也一直无人问及救灾款项。

第二年夏季，该乡再次遭受洪水袭击，乡政府再次向上级政府递交了一份汇报灾情的报告。依然石沉大海，至第二年年底，上级机关还是无人问及救灾款项。

第三年夏季，该乡第三次遭受洪水袭击，乡政府第三次向上级政府递交了一份汇报灾情的报告，并第三次提出申请救灾款的要求。

此事终于引起了上级机关的重视，经调查核实后，上级政府发放了一笔救灾

学而思
参考答案

款，并组织该乡干部群众采取了有效的防灾救灾措施。三年的等待总算有了一个结果。

为什么会这样？三年的等待值得吗？有没有可能一直等下去？假设你是领导的工作秘书，对此事你会怎么处理？

三、指出下列公文写作中的失当之处，并且分析一下为什么。

关于职工在上下班途中因违章受到机动车事故伤害
能否认定为工伤的请示

国务院法制办公室：

我省××市在审理有关工伤认定的复议案件过程中，对职工在上下班途中因违章受到机动车事故伤害能否认定为工伤问题认识不一致。一种意见认为，根据《工伤保险条例》第十四条第（六）项的规定，只要职工在上下班途中，受到机动车事故伤害的就应当认定为工伤，不需要考虑职工是否违章。另一种意见则认为，虽然《工伤保险条例》第十四条明确了认定工伤的七种行为，但同时受到第十六条规定的限制。虽然职工是在上下班途中，但因其违反交通规则，属于违反治安管理的情形，因此不能认定为工伤。

以上哪种意见为妥，请予明示。

××省人民政府法制办公室
2022年11月1日

四、指出下列公文写作中存在的错误。

朝阳市财政局公文
朝发（2022）第014号

朝阳市财政局关于请求解决我局若干问题的申请

省财政厅并报王局长：

按照市委、市政府×委发（2022）第007号文件的部署，我市近期决定在广大干部和群众中开展社会主义核心价值观的教育活动。

为解决此项活动的经费，决定你局拨给教育局经费15万元。请你们务必把此事放在心上，不要拖延。

另外，我市××社区便民早餐店兴建、租赁等若干问题也亟须解决，请一并研究尽快给予答复。此事关系到社区居民的切身利益，务必批准。

　　此致

敬礼

　　随文附上《2002年依法治市教育活动经费预算表》。

朝阳市财政局办公室（印章）

二〇二二年十二月一日

任务3

答复下级机关的请示事项
——批复

教学目标

知识目标
1. 掌握批复的概念，了解批复的特点和种类
2. 掌握批复标题的写作形式和主送机关的写法
3. 掌握批复正文的写作内容和结构方式
4. 了解批复写作的注意事项

能力目标
1. 能够写作符合规范的批复
2. 能够形成良好的具体问题具体分析的能力，正确评价所撰写批复的优劣
3. 能够根据需要对撰写的批复提出合理的改进意见与方案

素质目标
1. 使学生通过规范化的写作树立规范意识、规则意识
2. 培养学生团结协作、敢于担责、爱岗敬业的职业道德
3. 培养学生积极向上、追求进步的工作态度和生活态度

任务导入

××商贸有限公司给其上级××商贸有限总公司写了请示，请求上级同意举办产品推介会。××商贸有限总公司接到了这个请示，就请示的事项专门开会进行讨论。经会议研究决定，同意××商贸有限公司提出的举办产品推介会的请求。你能代××商贸有限总公司来撰写这篇答复性的公文吗？

知识百宝箱

一、文种介绍

（一）批复的概念

《党政机关公文处理工作条例》规定，批复适用于答复下级机关的请示事项。请示和批复在公文应用上是一对"孪生子"。各以对方的存在作为自身存在的前提，换句话说，没有请示就不存在批复；没有批复，请示也就没有意义。二者互为依存，互为补充，缺一不可。

（二）批复的特点

被动性　先有请示后有批复，任何一份批复都是针对下级的请示而发出的，必须要以下级的请示为前提。也就是说，批复不是主动行文，而是被动行文，它必须依赖请示而存在，没有请示就无所谓批复。先有上报的请示，后有下发的批复，一来一往，被动行文，这一点与其他公文有所不同。

权威性　批复表示的是上级机关的结论性意见，体现领导的意图，表态准许怎样做，不准许怎样做。因此批复能够解决或者审批下级机关请示的事项或问题，上级一经批复，下级机关必须认真贯彻执行上级机关的批复意见，不得违背，批复的效用在这方面类似命令、决定，带有很强的权威性。

针对性　批复有很强的针对性，体现在两方面：一方面，谁请示就给谁批复，没有请示就无所谓批复；另一方面，请示什么事项就批复什么事项，不能含糊不清，也不能避而不答。批复要针对请示事项表明是否同意或是否可行的态度，批复事项必须针对请示的内容来答复，而不能另找与请示内容不相关的话题。因此批复的内容必须明确、简洁，以利于下级机关贯彻执行。

二、文种写作技巧和方法

一份批复，一般由标题、主送机关、正文和落款四部分组成。

（一）标题

批复的标题一般是规范的三要素的写法：即由发文机关、事由和文种三个要素构成。如《国务院关于同意××市对外开放的批复》；另外批复标题也可以省略发文机关，即由事由和文种组成。如《关于设立×××开发区的批复》。

与其他文种不同的是，批复往往在标题主要内容中明确表示对请示事件的意见。如《国务院关于同意陕西省撤销榆林地区设立地级榆林市的批复》。当然，表示意见和态度，仅仅限于"同意"的情况，如果是不同意的话，那么标题里是不写的。

（二）主送机关

即来文请示的下级机关。若需要发给其他的下级机关，用"抄送"的形式。

（三）正文

批复正文一般由批复引语、批复内容和批复结语三部分组成。

1．批复引语

即批复正文的导语，是批复的起因和依据。引语主要是说明为了什么文而批复，使请示机关一看批复的开头，就明确了是针对何项请示而批复。它的格式较为固定，一般表述为："你××（所、厂、局、院、校、园、系、省、市等）×年×月×日《关于××××的请示》（请示的发文字号）（已）收悉。"

2．批复内容

这是针对请示事项而做的具体的答复。请示什么问题就答复什么问题，这部分要求明确表明自己的态度和意见。

一般而言，态度和意见有三种：一是同意或者批准；二是不同意或者不批准，这需要说明理由和依据；三是基本同意，原则同意，这里也要求写明修正意见或者是补充办法。总之，批复内容部分要简明扼要，避免阐发议论。

有的批复在答复表态之后，还提出希望和要求。

3．批复结语

一般用"此复""特此批复"等惯用语作结，结语一般不予以省略。

（四）落款

批复落款的要求与其他文种一样，在正文的右下方，包括发文机关署名和发文日期两部分。发文日期要用阿拉伯数字写，年月日都要齐全。

注意事项

一、对下级请示的问题要做认真的调查研究，搞清问题的全部情况，根据有关的方针政策、法律法规来提出明确的切实可行的批复意见。

二、批复的态度要明朗，措辞要准确，语气要肯定，切忌含糊其辞，模棱两可，使下级机关无所适从。批复一般不需要分析论证，因此开门见山表明态度即可，切忌长篇大论。

三、注意各部门的协调。批复的内容若涉及其他部门，则应在起草批复之前同有关部门协商，在取得一致意见以后方可行文。

选文参考

【选文1】

山东省人民政府办公厅
关于举办2023山东工艺美术博览会暨"山东手造"精品展的批复

省工业和信息化厅：

你厅《关于举办"2023山东工艺美术博览会暨'山东手造'精品展"的请示》（鲁工信呈〔2023〕10号）收悉。经省政府同意，现批复如下：

一、同意于2023年5月12日至15日在济南市举办2023山东工艺美术博览会暨"山东手造"精品展（以下简称博览会）。博览会由省工业和信息化厅、省委宣传部、省商务厅共同主办，所需经费来源于财政资金和市场化运作。

二、要严格贯彻落实中央八项规定精神和关于厉行勤俭节约反对铺张浪费的规定，节俭、务实、高效办会，按照规定履行邀请有关领导人出席活动的报批手续。认真组织筹备，提升参展企业和展品水平，做好知识产权保护、安全防范等工作，加强现场管理，制定应急处置方案，确保博览会顺利进行。

三、在招商招展、新闻宣传、展会推介、会刊资料、会场布置等方面不得进行违规宣传，不得随意改变博览会名称或增减主办单位。如博览会举办时间确需调整，须及时向省政府报备。

四、请于博览会结束后1个月内,将博览会内容、规模、费用总额和支出等情况,以及是否存在违规违纪问题自查情况报省政府,并抄送省商务厅。

山东省人民政府办公厅
2023年3月2日

(此件公开发布)

简评 这份批复(鲁政办字〔2023〕12号)正文分成两部分:批复导语和批复内容。导语部分引叙来文标题和发文字号作为批复依据,这是约定俗成的做法,照做即可。批复内容分条列项来写,在表示了"同意"的态度之后,又做了一些指示——指出组织筹备博览会的具体要求,指示有关部门配合协调搞好此次博览会。态度明确,条理清楚。

【选文2】

关于我县申请
全国农村食品安全工作示范县的批复

县食品安全委员会办公室:

你办报来的《关于我县申请全国农村食品安全工作示范县的请示》(食安会〔2023〕13号)收悉。考虑到各方面的错综复杂的矛盾,决定暂不同意向上申请全国农村食品安全工作示范县。

此复。

2023年5月15日

简评 这篇批复存在的最大问题是在表明不同意的态度之后,没有分条列项地写出不同意的理由。另外落款处没有署名发文机关。

在撰写不同意请示事项的批复时,要考虑到下级的接受心理,最好能做一下换位思考,这样能更好地体谅下级机关的实际困难和具体情况,撰写这样的批复要尽量使下级机关容易接受,以便及时做出相应的安排。

学而思

一、为了防止互相推诿责任，请示的主送机关有且只能有一个，请问，批复的主送机关是不是有且只能有一个？为什么？请说说你的理由。

二、批复和复函都属于答复一类的公文，此类公文写作有共同点，也有不同点，你能举例来说明一下，批复写作和复函写作的异同吗？

三、改错题

学而思
参考答案

海北社区关于便民早餐店等若干问题的请示报告

星湖街道办事处、谭大林主任：

根据青政发23年67号文件《青山区人民政府关于推动社区"早餐工程"建设的决定》精神，为了加快解决社区居民早餐难的问题，我们打算在社区活动中心附近兴建便民早餐店（已经规划部门批准），力争在二〇二三年三月一日开业，产权归海北社区所有，聘请社区内的下岗职工承包经营。便民早餐店预算建设资金共计一百二十五万元，现已筹集资金八十五万元，还有四十万元资金没有着落。为此，要求街道办事处给予支持解决。

另外，社区活动中心室外健身场的健身器械严重不足，难以满足居民健身需要，居民意见很大，故请顺便追加拨款十五万元用于购置健身器械。

此事关系到社区居民的切身利益，务必批准。

2022年9月1日

请修改上文的请示，然后以星湖街道办事处的名义，给海北社区写一份同意拨给建设便民早餐店经费××万元的答复性正式公文。要求：主体格式规范齐全（可省略眉首和版记部分），正文内容、结构符合要求。

任务4

凡事预则立，不预则废
——计划

教学目标

知识目标
1. 了解计划的概念、特点和分类
2. 掌握计划的格式和写作要求

能力目标
1. 能够独立、规范完成计划的制订
2. 能够规范地修正所撰写的计划
3. 能够将计划应用到生活和工作中，提高计划的执行力

素质目标
1. 培养学生立足当下、面向未来的职业前瞻性
2. 培养学生树立正确的职业生涯规划意识和理念，树立正确人生目标，做好人生规划
3. 培养学生做人、做事要有"计划"的意识

任务导入

陈小刚大学毕业以后应聘到了××商贸有限公司，担任财务部经理助理一职，有半年时间了，其工作得到了领导和同事们的一致好评。最近公司正在筹备年底的产品推介会相关事宜，出于对陈小刚的充分信任，李经理把陈小刚抽调到秘书组，负责参与整个推介活动的文书撰写工作。陈小刚坚信，凡事都要提前做好打算和安排，"凡事预则立，不预则废"，你能指导陈小刚写一份规范的计划吗？

知识百宝箱

一 文种介绍

（一）计划的概念

计划是党政机关、社会团体、企事业单位或个人根据党和国家的有关方针政策以及上级的指示要求，结合本地区、本单位或个人的实际情况，对未来一定时期内要进行的工作、要完成的任务等预先拟定目标、要求、措施、步骤和完成期限的一种文书。目标、措施、步骤，称为计划的"三要素"。制订计划是一种科学的领导艺术。

计划是计划类文书的统称。除此之外，设想、规划、打算、安排、意见、要点、方案等都属于计划。只是由于内容、时间、范围等方面的不同，所使用的名称也不同。区别如下：

规划指的是具有全局性的、较长时期的长远设想，是一种时间跨度长（三年以上）、范围广、内容较为概括的计划。例如《青岛市经济发展十年规划》。

纲要和规划相同，它们都是各级领导机关根据战略方针，为实现总体目标，对某个地区或某一事项做出长远部署。不同的是纲要比规划更为概括，一般只对工作方向、目标提出纲领式要求和指导性措施。例如《××市2023年经济发展纲要》。

方案是从目的、要求、工作方式方法到工作步骤，逐一对专项工作做出全面部署与安排的计划，也就是从目的、要求、方式、方法、进度等都部署具体周密且有很强可操作性的计划。方案一般适合专项性工作，其实施往往须经上级批准。例如《××市住房分配制度改革实施方案》。

安排是对短期内工作进行具体布置的计划，是短期内要做的，且范围不大、内容单一、布置具体的一类计划。例如《××系第×周工作安排》。

设想是初步的草案性的计划，是一种粗线条的、初步的、预备性的非正式计划。相对来讲其适用时限较长。例如《××市拓宽就业安置门路的设想》。

打算是短期内工作的要点式计划，也是一种粗线条的、其想法不太成熟的非正式计划。相对设想，它的内容范围不大且考虑近期要做的。例如《××学校争创文明校园的打算》。

要点是列出工作主要目标的计划，是将计划的主要内容择要摘编，使之简明突出。它适用于时间相对较短的计划。例如《××局2023年工作要点》。

（二）计划的特点

科学性　计划应符合党和国家的路线、方针和政策，符合有关的法律条文。计划所提出的目标、措施、方法、步骤要符合事物发展的规律，要尊重科学，按辩证法办事。好的计划要建立在严密的科学基础上，对工作有实际的指导意义。

预见性　"人无远虑，必有近忧"。计划的制订者应具有远见卓识，从分析现状准确预测未来，善于思前想后，周密运筹，充分估计到未来可能出现的情况、问题及偏差，主动提出预防性的措施，甚至可以订出预案。因此，计划是对事物发展主导趋势的大致情况做出的推断，也是对未来事业设计的蓝图。

可行性　制订计划要符合客观的需要和可能，必须坚持实事求是的原则，量力而行，能够将上级的方针、政策、计划和本单位、本人的具体情况相结合，从实际出发提出切实的指标、严密的步骤、正确的方法、得力的措施，做到既切实可行，又留有余地，切忌急躁冒进的情绪和急功近利的妄想；既要创新开拓，又要求真务实，努力把计划建立在切实可行的基础上。

目的性　计划都是有明确目的的，它总是为达到某种目标、完成某项任务而制订的。有预期的目的，才有明确的努力方向。一份计划的终极效果就是在目的是否实现中得到集中反映。盲目的计划必然会失去指导行动的作用。

（三）计划的种类

计划因分类的方法不同，可分为不同的种类。

1. 按内容分

可分为工作计划、生产计划、学习计划、活动计划、科研计划、招生计划、营销计划等。

2. 按范围分

可分为个人计划、部门计划、单位计划、地区计划、国家计划等。

3. 按时间分

可分为短期计划、中期计划、长期计划、年度计划、季度计划、学期计划、月计划等。

4. 按性质分

可分为综合计划、专题计划。综合计划也称全面工作计划，是指一个单位、部门或个人，对一定期限内所要完成的各项工作进行安排的总体性计划。专题计划是指专为某项工作或执行某项具体任务而制订的，只涉及某一方面工作的计划。

5. 按形式分

可分为表格式计划、条文式计划和文件式计划等。

6. 按效率分

可分为指令性计划、指导性计划、一般性计划。

二 文种写作技巧和方法

一份完整的计划，通常包括标题、正文和结尾三部分。

（一）标题

计划的标题有四种写作方法：

制订计划的单位名称+计划时限+事由+文种组成，如《××大学2023年招生工作计划》。

制订计划的单位名称+事由+文种组成，如《××公司管理现代化规划》。

计划时限+事由+文种组成，如《2023年接待××代表团工作方案》。

事由+文种组成，如《关于进行公务员考核工作部署要点》。

制订计划的单位名称要用规范的称呼；计划时限要具体写明，时限不明显的可以省略；计划内容要清楚明了；计划文种要根据计划的实际情况恰当使用。如果计划是还需经讨论定稿或还需经上级批准的，就应在标题后面或下方用括号注明"草案""讨论稿"字样。

（二）正文

正文应包括以下内容。

1. 前言

前言是计划的总纲，统率全篇。前言的内容主要是阐明制订计划的指导思想、依据和目的等，也就是说明"为何做"的问题。

前言的部分常用套语"为了……，根据……"等来表示目的和依据；后面常用"现制订计划如下"或"为此制订……计划如下"等语句过渡到主体部分。

例如《××市××××年上半年公开招考机关工作人员计划》的前言是："根据

中共中央关于在省市计划单列城市实行国家公务员的精神,我市特决定××××年上半年公开考试考核选招机关工作人员,充分选拔有知识、有能力的人才,到政府机关工作。"这个前言简明扼要地写明了提出计划的依据、时限和目的。

2. 主体

主体是计划的中心部分。这部分应明确具体的任务、指标及要求,提出具体的工作步骤、方法、措施及必要的注意事项等。也就是说明做什么、怎样做、什么时候做的问题。

(1)任务、指标和要求。计划应写明总任务是什么,达到什么指标,下面还可以有分任务,分别达到什么具体指标,即解决"做什么"的问题。

(2)步骤与措施。步骤指执行计划的工作程序和时间安排。每项任务,在完成过程中都有阶段性,而每个阶段又包含若干环节,它们之间往往是交叉的。因此,制订计划要体现时间的顺序和轻重缓急,必须胸有全局,妥善安排,哪些先干,哪些后干,应合理安排;措施是指达到既定目标需要采取什么手段,动员哪些力量,创造什么条件,排除哪些困难等。总之,要根据客观条件,统筹安排,将"怎样做"写得明确具体,切实可行。为实现目标、完成任务,必须制订出相应的措施和办法,这是实现计划的保证。这一部分为了表达得清晰,一般会分条列项来写。

(3)完成时间。达到目标的每一程序安排,都要有明确的时间要求,顺序要合理,各环节要相互衔接,要环环相扣,切实可行,即解决"什么时候做"的问题。

总之,正文的写作要回答六个问题,即为什么做、做什么、谁来做、怎么做、什么时候做、在哪里做"六做"。按照这六点来写,就能抓住要领,全面、清楚地把计划制订好。

由于计划的主体部分内容较多,所以在行文结构上,可以根据具体情况,采用以下几种不同的方式:

第一种是段落式。即主要依靠文字叙述,将计划中的各项内容说清楚,形式与一般文章相同。它适用于原则要求多而具体指标少的计划。

第二种是条文式。即将计划中的各项列成条文,一条一条写清楚,它适用于比较具体的近期的计划。

第三种是表格式。即把计划项目分成几个栏目,画成表格填写。适用于所定计划涉及部门较多,数据指标比较复杂,各个阶段时间界限比较明确的计划。

第四种是综合式。即在写作中既有文字叙述,又有条文,甚至还有表格的计划。它适用于内容特别复杂的计划。

3. 结尾

这是计划的辅助、补充部分。可以写一些计划正文中不适宜写的;或强调工作中的重点和主要环节；或分析实施过程中可能产生的问题；或展望计划实施的前景，还可以发出号召，激励大家为实现计划而努力。

（三）落款

在计划正文的右下方写明制订计划的单位名称（或个人计划的个人姓名）和日期。单位名称如已在标题里出现或已署于标题正下方了，此处可以省略不写。

上报或下达的计划，还应在日期上加盖单位印章。

注意事项

一、制订计划要以党和国家的方针、政策作为制订计划的重要依据。在制订计划之前，必须认真学习党和国家的方针政策，领会其精神实质，明确任务，牢牢地把握住一段时期的工作重心，并使它具体落实到本单位、本部门。

二、制订计划要明确具体，切忌空谈。制订计划，从目标的提出到时限的规定以及完成任务的步骤、措施、方法等都要写得明确具体。只有这样，才会使撰写者明确努力的方向。同时只有步骤和过程具体，才有利于实施和检查。

三、制订计划语言要简洁。撰写计划力求以尽可能小的篇幅，表达最大的信息量。文风要朴实，以说明、叙述为主，无须过多的议论，不需要生动、形象的语言，也不要很多的修辞方法。语言要直截了当，简洁明了；条理要清楚，一目了然；数据要确切，真实可信。一定要清清楚楚、表达准确。

选文参考

××市××区二〇二三年
春季全民义务植树造林计划（草案）

根据全国人民代表大会通过的《关于开展全民义务植树运动的决议》和市政府《关于立即动员群众开展义务造林活动的通知》，我区准备于2023年春季开展大规模的全民义务植树造林活动，希望我区广大人民群众立即行动起来，积极响应党和政府的号召，人人争当义务植树的好公民，个个为绿化祖国贡献力量。

一、任务

（一）我区今年春季计划造林×××亩，植树××××××株。要求每人平均3~5株，栽下后要有人管理，保证成活。植树宜在路边、沟旁、荒山坡进行。具体植树造林地点由区绿化办公室布置。植树要在植树节（3月12日）前基本完成。

（二）成立区全民义务植树造林指挥部，以协调和指导全区义务植树造林活动。

二、活动要求

（一）各机关、团体的领导要带头，并指定专人负责此项工作。

（二）区绿化办公室具体负责此项活动，划定各机关、团体负责植树造林的地区或地段，分片包干。

（三）区属各苗圃要及时做好挖苗备运工作和树苗的供应工作。

（四）定3月4日为全民义务植树造林宣传日，区绿化办公室要会同区市容办公室、区园林局做好宣传日的布置工作。

三、方法和措施

（一）于2月下旬召开一次植树造林会议，本区各机关、团体、学校、工厂的有关负责人及街道、乡的有关负责人参加。重点研究植树造林的各项准备工作，采取必要措施予以落实。

（二）加强各单位、各部门植树造林的领导工作、认真解决各单位存在的问题。

（三）抽调××名区干部由区绿化办公室统一安排到植树造林第一线做具体工作，直至今春植树造林活动结束。

××市××区人民政府
二〇二三年一月十三日

> **简评** 选文是一篇关于植树造林的计划。计划的正文导言，概述了制订计划的依据和希望。最好加上衔接语，引起下文。主体部分从任务、活动要求和方法措施三个方面展开计划的写作，明确、具体、简洁。本计划的一大特色是条理清晰。

💬 学而思

一、美国现代质量管理专家戴明,他提出著名的"PDCA循环"。他认为现代质量管理主要包括不断循环的四个阶段:P即Plan(计划)、D即Do(实施)、C即Check(检查)和A即Action(处理)。计划是一切工作的开始。富兰克林也说过:"我总认为一个能力很一般的人,如果有个好计划是会有所作为的。"你是怎么看待"计划"的?结合你身边的案例,来谈谈计划的重要性。

学而思
参考答案

二、父亲对儿子小华说:"明天就是大年初一了,我们家人团圆了,可我们不要忘记老人的养育之恩。按例你妈妈应该去看看外公外婆,但明天家里有客人来,所以你明天先送一箱水果、烟、酒去你外婆家,记住要把这些礼品送到你外婆或外公手上,不然会被你小舅'黑'了,因为小舅嘴巴馋,你外公外婆一点也吃不到。你明天早上八点动身去,从敖溪乘中巴车到余庆,再从余庆大桥坐四轮车去你外婆家。"

这是一份计划,只是口头上的,没有写在纸上。父亲的这项任务安排包括了计划中的很多要素,较为全面。按照我们所学的计划,你来分析一下里面涉及的各项要素。

三、制订一份下半学期学习计划。

四、改错,指出下列计划写作中的错误之处。

××中学新苗文学社计划

为全面贯彻教育方针,落实学校关于大力开展课外学科小组活动的意见,我社制订活动计划如下:

1. 本学期举办文学作品欣赏两次,写作技法讲座两次(由语文组辅导老师负责),读书札记交流一次。

2. 组织一次秋游,一次外出采访活动。

3. 本社成员每周练笔不少于两篇,从中选出优秀习作向省市报刊推荐;一学期发表的习作不少于五篇。

4. 积极参加省市级作文竞赛、演讲比赛、读书活动竞赛,力争拿到名次。

5. 与兄弟学校文学社团加强联系,10月份组织部分社员外出取经。

6. 学期结束,评选优秀社员;做好补充新社员工作。

2023.8

任务5

创意的大放异彩！
——策划书

教学目标

知识目标
1. 掌握策划书的概念，了解策划书的特点和种类
2. 掌握策划书的写作内容和结构方式
3. 了解策划书写作的注意事项

能力目标
1. 能够写作符合规范的策划书
2. 能够形成良好的综合分析能力和解决问题的能力
3. 能够根据要求提出合理的改进意见与方案

素质目标
1. 培养学生立足当下、面向未来的职业前瞻性
2. 培养学生树立正确写作的规范意识、规则意识
3. 培养学生勇于创新、团结协作、爱岗敬业的职业道德

任务导入

有一家木梳厂因经营不善面临倒闭，于是雇了四个推销员，硬性分配了推销定额，甚至要他们把梳子卖到寺庙去。第一个推销员空手而归。和尚们以为有人嘲讽他们光头，所以把他打了一顿并赶了出来。第二个推销员卖掉了十几把梳子。他动了脑筋，想和尚虽然没有头发，但经常梳头有利于头部的血液循环，能延年益寿。十几个和尚动心了，于是都买了一把。第三个推销员更厉害，卖掉了几百把梳子。他脑筋更活，转变了营销的对象。他说服方丈，寺庙里不乏香客，烧完香头发常沾满香灰，倘若庙里多备些梳子供香客梳头，香客们感受到庙里的关心，香火就会更旺。第四个推销员最绝！他不光打香客的主意，还打游客的主意；不仅不要寺庙花钱，还帮寺庙赚钱。他说服方丈把木梳作为纪念品卖给游客，在木梳上刻上寺庙的对联，并命名"积善梳"。一把小小的梳

子为寺庙赚了钱，还做了免费的广告宣传。于是方丈便大批量订购木梳，滞销的梳子一下子卖光了。

××商贸有限公司拟于近期举办产品推介会，为此秘书组专门开了会，经理给大家讲了上述案例，希望大家也能充分打开思路，脑洞大开。他把策划书任务布置给每个人，规定下周上交以便于集思广益。推介会如何举办，具体流程如何，准备哪些材料，要注意哪些事项，诸多问题难倒了刚刚调到秘书组的陈小刚，你能帮他来解答这些疑惑吗？

知识百宝箱

一 文种介绍

（一）策划书的概念

策划也作"策画"，本意为"谋划、计谋"，是通过激发创意，有效地、高超地运用项目、企业、组织、团队中的有限资源，设计规划并选定可行方案，从而解决某些问题，达到预定目标的过程。策划是最大限度地整合资源和利用资源。

策划书是对未来某个活动或者事件进行策划，并展现给读者的文本。撰写策划书就是用现有的知识开发想象力，在可以得到的资源的现实中最可能最快地达到目标。

策划书是一种表达方式，将立体的活动在二维的纸面上预演，并引导一个活动向希望的目的发展。

（二）策划书的特点

超前性　策划书是对未来某个活动或者事件进行策划，是在预测的基础上来进行的，因此具备一定的前瞻性、预测性，要求对发展方向、基本目标、战略步骤及其每一个阶段上的问题都做出合理的、科学的安排和规划。

可操作性 策划具有可操作性，这是策划方案的前提，如果一个策划连最基本的可操作性就没有，那么这个策划方案，再有创意也是一个失败的案例。关注策划方案在客观实施环境中的可行性，是策划书的一个基本要求。

创新性 策划一定是创意的，新颖的，是人们智慧的结晶，是一种思维的革新。具有创意的策划，才是真正的策划。创意就是策划的灵魂，产生于思维的碰撞，精于阅历的沉淀。

（三）策划书的种类

策划书按照内容来分，一般分为商业策划书、创业策划书、广告策划书、活动策划书、营销策划书、网站策划书、项目策划书、公关策划书、婚礼策划书、医疗策划书等。其中，日常生活中我们接触比较多的是营销策划书和专题活动策划书。

本教材选取活动策划书为例，来说明策划书的写作。

■ 文种写作技巧和方法

活动策划书是举办对外接待、参观、开业、庆典、新闻发布会、记者招待会、竞赛、捐助等大型活动时所制订的行动计划。一份完整的活动策划书，一般由策划书封面、目录、活动背景、活动目的及意义、活动名称、活动流程、预算、应急预案等多个部分组成。

（一）策划书封面

策划书的封面信息不宜太多，写明策划的名称、策划人、策划时间等信息，其中，策划的名称要置于页面中央显要位置。可以加上一张合适的图片，使得整个版面更加醒目、美观。

（二）目录

目录也就是活动的提纲，由序号、名称和页码组成，要体现出各部分之间的逻辑关系。目录也是整个策划书各个组成部分，跟下文要一一对应。

（三）活动背景、活动目的及意义

活动背景、活动目的与活动意义要贯穿一致，突出该活动的核心构成或策划的独到之处。活动背景要求紧扣时代背景、社会背景与教育背景，鲜明体现在活动主题上；活动目的即活动举办要达到什么样的一个目标，陈述活动目的要简洁明了，要具体化；活动意义包括文化意义、教育意义和社会效益及预期在活动中产生怎样的效果或影响等，书写应明确、具体、到位。

（四）活动主题

主题是整个策划的灵魂。是对活动内容的高度概括，是策划所要达到的具体目的，是统率整个活动、连接各个项目、各个步骤的纽带。主题是一句口号，既要虚拟、向上，又不能太空洞。

（五）活动时间、地点

该项必须详细写出，非一次性举办的常规活动、项目活动必须列出时间安排表。活动时间与地点要考虑周密，充分顾虑到各种客观情况，比如场地申请、场地情况、天气状况等。

（六）活动流程

即活动的措施、步骤等。这部分是重点，也是整个活动的创意所在。一般分活动的宣传准备、活动的组织开展、活动结束后的总结等几个阶段，写出每一阶段所要采取的措施、办法，具体的负责人与参与人员、完成的时间等。内容要求具体，可操作。

作为策划的正文部分，表现方式要简洁明了，使人容易理解。在此部分中，不仅仅局限于用文字表述，也可适当加入统计图表等；对策划的各工作项目，应按照时间的先后顺序排列，绘制实施时间表有助于方案核查。另外，人员的组织配置、活动对象、相应权责及时间地点也应在这部分加以说明，执行的应变程序也应该在这部分加以考虑。

（七）经费预算

活动的各项费用在根据实际情况进行具体、周密的计算后，用清晰明了的形式列出。策划举办专题活动要把成本费用作为重点考虑的问题。策划活动要明确资金来源和筹集渠道，要在周密测算的基础上做出预算，并明确资金支付方法和各项费用额度。

（八）应急预案

内外环境的变化，不可避免地会给方案的执行带来一些不确定性因素，因此，当环境变化时是否有应变措施，损失的概率是多少，造成的损失多大等也应在策划中加以说明。

（九）活动组织机构

注明组织者，主办方、承办方、协办方等，参与者姓名、单位（如果是小组策划应注明小组名称、负责人）。

注意事项

一、策划书没有一成不变的格式,它依据产品或营销活动的不同要求,在策划的内容与编制格式上也有所变化。但是,从策划活动一般规律来看,必备的组成要素不要遗漏,其他要素根据需要来写。

二、写策划书不能凭主观臆想,凭一时的热情,而要本着客观的、实事求是的态度去完成写作。如果偏离了内容准确这一条原则,无论说得多么头头是道,都会给工作和生活带来不必要的损失。

三、策划文稿的撰写,最忌空洞无物、闭门造车;二忌辞藻堆砌、华而不实;三忌文笔不畅、别字先生。策划书要体现创意。

选文参考

××学院首届大学生
求职简历设计大赛活动策划书

目录(略)

一、活动背景、活动目的与意义

求职简历是毕业生宣传与推销自我的必要媒介,是获得用人单位面试机会的重要工具,是最终成功就业的"敲门砖"。为了进一步增强我院大学生就业意识,更好地掌握求职简历制作的技能,提高求职成功率;同时,帮助和督促学生为毕业求职做好准备,掌握制作个人简历的技巧,在校园内营造良好的就业氛围,为2023届毕业生和广大在校生在简历制作方面提供一个相互交流的平台,做好就业指导服务工作,经研究决定举办"简自我风采,历职场未来"为主题的求职简历设计大赛。

二、活动时间、地点

2022年11月22日至12月31日,××学院××系文体中心

三、参与对象

××系2020级全体学生

四、组织机构

主办单位：××学院

承办单位：××部语文教研室

协办单位：××系

五、活动流程

（一）前期准备

1．语文教研室成立活动指导教师队伍，确定活动的总负责人以及各个环节的负责人。

2．语文教研室对报名信息进行汇总，确定参加活动学生名单。

3．开展宣传、报名活动。语文教研室各教师要向所教授班级积极宣传本次活动，并制作、张贴好相关海报和横幅，鼓励学生踊跃参加比赛，并接受学生报名，报名日期截至11月22日。

4．确定求职简历设计知识讲座的主讲嘉宾，并协商好讲座时间。与有关单位及个人沟通，确定讲座以及设计大赛的具体时间、地点，并通知所有报名人员。

5．确定大赛评分标准，布置好大赛的批改工作。

6．购买礼品、奖品、奖状等。

（二）组织赛前培训

11月24日（具体时间、地点待定），请有关专家为参与学生在大赛前开设求职材料撰写专题讲座。

讲座具体流程如下：

1．讲座开始前半小时，做好接待主讲嘉宾、学生报到及讲座现场的座位安排、设备调试等工作。

2．讲座开始，嘉宾入场，主持人致欢迎词，并对主讲嘉宾做简要介绍（可利用多媒体播放相关资料）。

3．请嘉宾作相关讲座，时间初定为60至90分钟（具体时间要与主讲嘉宾协商）。

4．讲座内容结束后，可安排5至10分钟互动时间，请现场同学向嘉宾提问（具体时间可视现场气氛灵活掌握）。

5．提问环节结束，主持人做总结，并向嘉宾赠送礼品，讲座正式结束，拍照留念，欢送嘉宾，后勤人员负责清理场地。

（三）举办求职简历设计大赛相关要求

1．本次大赛作品要求一律为纸质简历，参赛选手根据大赛规定的内容进行参赛作品制作，作品形式可自行设定。

2．参赛作品必须原创，杜绝各种抄袭行为，必须为本人独立制作，否则取消入围资格。作品必须含有封面设计、自荐信和个人简历，并自行设计其格式。

3．参赛作品用Word文档或者Jpg图片的格式，用A4纸打印。参赛简历要求重点突出，构思新颖。

4．作品由各班任课老师指定学习委员统一收取，并于2022年11月30日交到××部语文教研室（106室）。说明：上交作品即为报名。

5．评选流程

（1）由××部语文教研室的赵××老师、王××老师、钱××老师、孙××老师、李××老师组成专门的评审小组，担任本次大赛的评委。

（2）评委将所有上交的作品集中评分，在12月中旬完成评阅工作，评比最终确定一等奖10名，二等奖15名，三等奖20名。我们届时将邀请部分校领导为获奖学生颁发获奖证书及奖品。

（3）获奖作品在12月中下旬活动结束以后集中向全院学生展出，以期能提高我院毕业生求职简历制作能力和就业竞争力。

（四）活动总结

活动结束后，组织语文教研室所有教师开一次总结会议，以便为日后开展类似的工作积累经验。

六、活动经费预算

预计所需经费为1200元，具体支出如下：略

七、人事安排：略

八、应急预案：略

> **简评** 该选文是竞赛活动的策划书，属于专题活动策划的范畴。策划书的重头戏在活动流程，要尽可能地细化整个活动的流程，同时，也要防止一些突发事件，有相应的应急预案。经费预算也是活动策划不可缺少的部分。另外，为避免活动现场混乱，人事安排也尽可能细致，责任到人。

学而思

一、完成"任务导入"部分的写作内容。

二、请你为班级近期组织的某项活动撰写策划书。

任务6

最常用的平行文
——函

教学目标

知识目标
1. 了解函的概念、特点、分类
2. 掌握函的写作规律
3. 正确地区分函与请示、通知等不同文种的异同

能力目标
1. 能够恰当地运用函这一文种进行工作沟通
2. 能够规范、遵守办文的流程
3. 能够进行换位思考、恰当得体地写作函

素质目标
1. 培养学生高站位的写作视角
2. 培养学生的规则意识和恪守规范的职业操守
3. 培养学生对平等尊重精神的正确认知
4. 激发学生对社会公平正义、责任担当的热情以及集体荣誉感

任务导入

××商贸有限总公司给予了批复，同意了××商贸有限公司近期举办茶叶产品推介会的请求。整个推介会的策划方案也已经准备就绪。鉴于公司成立不久，实力有限，在产品推介方面也缺乏一定的经验，因此这场产品推介会，打算联合××市瑞昌茶叶有限公司一起共同举办。秘书组把商洽联合举办茶叶产品推介会相关事宜交给了陈小刚。请你帮忙一起来撰写相关的材料吧！

知识百宝箱

一 文种介绍

（一）函的概念

《党政机关公文处理工作条例》规定，函适用于不相隶属机关之间商洽工作、询问和答复问题、请求批准和答复审批事项。

对于函的理解，关键是要把握住"不相隶属"机关这一概念。一个系统内部的平级机关是不相隶属机关，这个容易理解；另外，凡是双方在行政或组织上没有领导与被领导关系、业务上没有指导与被指导关系的，都是不相隶属机关，无须考虑双方的级别大小。

在不相隶属机关之间，级别高的一方不能向级别低的一方发出指挥、指导性公文（个别晓谕性的通知例外），级别低的一方也不需向级别高的一方发出请示和报告。双方之间如果有事项需要协商或请求批准，都使用"函"这种平行文体。

函是15个公文文种里最常用的平行文。除作为平行文种出现之外，函有时也可用于有隶属关系的上下级机关之间。例如，上级机关向下级机关询问有关情况，用别的文体显然不合适，可以用"函"，但下级答复上级机关的询问时要用"报告"。上级机关向下级机关催办有关事宜，如要求下级机关呈报有关材料或报表时，也可以用"函"，下级同样要回以"报告"。

（二）函的特点

行文的平等性	函用于不相隶属机关之间互相商洽工作、询问和答复问题，体现着双方平等沟通交流的关系，这是其他所有的上行文和下行文所不具备的特点。即使是向有关的主管部门请求批准，鉴于双方之间不具备隶属关系，因此不能使用请示和批复，只能用函（复函）。因此函这个文种在行文时姿态、措辞、口气也跟请示和批复大不相同，要体现平等沟通交流的特点。
写作的灵活性	函的内容和格式比较灵活，一般篇幅比较短小，内容单一，简洁轻便，不受公文格式的严格限制，而且有多种行文方向，既可以平行行文，又可以上行、下行，所以运用得十分广泛。

功能的多样性　函是属于用途广泛、使用频率极高的几个文种之一，它可以用于向不相隶属机关之间商洽工作，询问和答复问题，向有关的主管部门请求批准和答复审批事项。它实用性极强，不需要在原则、意义上进行过多的阐述，不重务虚重务实。

（三）函的种类

函按照不同的分类标准，有不同的分类方法。

1. 按照作用不同分

（1）商洽函。不相隶属机关之间商洽工作的函。

（2）询问函。不相隶属机关之间询问问题的函。

（3）请批函。向不相隶属的有关业务主管部门请求批准的函。

（4）复函。不相隶属机关答复询问问题或者答复审批事项的函。

2. 按照行文方向不同分

（1）去函。也叫发函，指的是发文机关主动制发的函。

（2）复函。指的是回复对方来函的函。

一般情况下，对方发来的是函，回复的时候也用函，但有时可以灵活处理。比如说上级发函向下级询问有关情况，下级回复时用函虽然不为错，但还有更合适的文种可供选择，那就是答复报告。再比如，对下级机关的请示，上级机关的办公部门（一般与下级机关在级别上是平级的）在接到授权的情况下，也可以给予答复，答复时使用批复显然不恰当，这时候只能用函的形式来答复。

3. 按照格式不同分

（1）公函。内容比较重要，行文比较正式，具有完整的公文格式，是国家法定的公文。

（2）便函。多用于一般的事务性工作，不属于正式公文，比较随意，不需有完整的公文格式，可不正式编发文字号，不盖印章，但便函仍用于公务而不是私事。

二 文种写作技巧和方法

函的写作格式一般包括标题、主送机关、正文和落款四个部分。

（一）标题

函的标题有两种写法：一是常规写法，即由发文机关+事由+文种组成，如《××大学关于成立文秘培训班的函》；二是可以省略发文机关，由事由+文种组成标题，如《关于商请成立老干部办公室的函》。

复函的标题写法同上，但复函的标题一般要标注文种"复函"，如《关于羊毛质量问题的复函》。

（二）主送机关

函的主送机关一般情况下是明确、单一的，所以多数函的主送机关只有一个。但有时发函内容涉及多个部门，也有排列多个主送机关的情况。函可以多头主送。

（三）正文

1. 发函缘由

这是函的开头部分，主要用来说明发函的根据、目的、原因等。如果是复函，则要先引用对方来函的标题、发文字号，其开头引语的写法可以参考批复的引语。复函的开头模板是："贵××《关于××××的函》（函的发文字号）收悉。"这部分结束后，常用一些习用的套语转入下一部分，如"现将有关情况说明如下："" 现就有关问题函复如下："等。

2. 发函事项

这是正文的主体，商洽的某项工作、询问或答复的某一问题、请批的某个事项等内容，都在这一部分予以表述。这部分的内容要单一，即一事一函，同时表述时要详略得当。

3. 发函结语

结语一般不省略，并且独立成段。如果是要对方回复的去函，一般用"特此函询（商），敬请函复为盼""妥否，敬请函复""即请函复""敬请大力支持为盼"结语；如无须对方回复的去函，一般用"特此函达""特此函告"等结语。如果是复函，则用"此复""特此函复"结语。

（四）落款

包括发文机关署名和发函日期两部分。发文机关署名不能省略。要加盖印章。发文日期要用阿拉伯数字，年月日都要齐全。

注意事项

一、请批函和请示的区别：请批函是向有关的主管部门请求批准，行文单位之间属于不相隶属的关系；而请示是向上级机关请求批准，行文单位之间存在上下级关系。

二、复函和批复的区别：复函是用于回复不相隶属机关来函询问的事项，或者答复不相隶属机关要求审批的事项；批复则是用来答复下级机关的请示事项。

三、函这个文种要一文一事，一事一函，短小精悍，写作时要注意技法。行文时讲究用语得体，注意分寸，叙事清楚，说理有节。商洽函、询问函措辞要谦恭有礼，不能生硬地强迫对方按自己的意愿办事；答复函要有问有答，不能答非所问，语气要肯定，不能闪烁其词，模棱两可。

四、便函在行文时可以不用标题，写法如一般的书信，注意要把商量、询问的事项说清楚，结尾处可以使用书信的祝颂语。公函的结语不能用书信里面的致敬语。

选文参考

【选文1】

××集团公司关于
商洽委托代培涉外秘书人员的函

××大学文学院：

  我集团公司新近上岗的秘书人员缺乏专门的涉外秘书知识，业务素质亟待提高。据报载，贵院将于今年9月开办涉外秘书培训班，系统讲授涉外秘书业务、公关礼仪、实用文书写作等课程。贵院这个培训项目为我公司新上岗的涉外秘书人员提供了一个难得的在职进修机会。

  为能尽快提高我集团公司涉外秘书人员的从业素质，拟选派8名在岗秘书委托贵院代培，随该班进修学习。有关代培费用及其他相关经费，将按时如数拨付。

  是否慨允，恳请函复为盼！

××集团公司（印章）

2022年7月2日

简评 这是一篇商洽函。此类函在行文时讲究用语得体，注意分寸。此函措辞谦恭有礼，诚恳谦和，符合商洽函写作要求，是一篇比较典型的范文。写作商洽函时要注意这一点，不能生硬地强迫对方按自己的意愿办事。

【选文2】

关于请××商厦准备经保工作经验材料的函

××市商业局：

　　你局××商厦狠抓安全保卫工作，成绩突出。经市综合治理办公室同意，我局准备于12月中旬召开全市经保工作经验交流会，请××商厦在会上介绍加强内部防范工作的经验。请速通知该单位，于12月中旬将此材料报送我局×处秘书科（写作要求附后）。

　　此致
敬礼

××市公安局
二〇二二年六月八日

关于商请××商厦准备经保工作经验材料的函

××市商业局：

　　经市综合治理办公室同意，敝局12月下旬召开全市经保工作经验交流会。据悉，贵局××商厦狠抓安全保卫工作，取得了突出的成绩，拟请该商厦在会上介绍加强内部防范工作的宝贵经验。

　　如蒙同意，恳请通知该单位，于12月中旬将经验介绍材料送敝局×处秘书科为盼。

××市公安局
2022年6月8日

> **简评** 通过这两篇函的对比，函这个文种的写作特征就凸显出来了。鉴于函行文的双方之间不具备隶属关系，因此函这个文种在行文时姿态、措辞、语气也跟下行文文种大不相同，后一例文就体现平等沟通交流的特点。而前一例文盛气凌人，命令、指令性语言过多，不仅不利于事情的解决，反而会把事情弄僵。行文时一定要把握好这个度。另外，函这个文种不用"此致敬礼"结语。

【选文3】

××市塑料二厂关于TK-89型自动考勤打卡机维修事宜的询问函

××市海威企业有限公司：

我厂于两年前购进贵公司组装生产的TK-89型自动考勤打卡机，两年来使用情况良好，但近来发现打印出现断痕，造成"3""6""8""9"等字难以分辨，估计是打印头断针。我厂曾在我市寻找多家电脑维修站（店），均无此配套的打印头。特发函向贵公司询问，贵公司在我市何处设有该种机型的维修部，应如何送交维修，预计维修费用多少，以及付款方式等。

特此函询，敬请函复。

××市塑料二厂（公章）

2023年5月1日

××市海威企业有限公司关于自动考勤打卡机维修问题的复函

××市塑料二厂：

贵厂《关于TK-89型自动考勤打卡机维修事宜的询问函》（×塑函〔2023〕11号）收悉。鉴于我公司在××市尚未设立维修网点，我公司决定派出售后服务部经理××并一名技师前往贵厂上门维修TK-89型自动考勤打卡机。

特此函复。

××市海威企业有限公司（公章）

2023年5月5日

> **简评** 这是一篇询问函和复函。函的灵巧简便由此可见一斑。其中，复函的写作格式可以对比一下批复的写作。因为行文关系的不同，所以语体风格就有了一定差异。选文正文由引语、函复事项和结语三部分组成。一般而言，询问什么问题就答复什么问题，复函的针对性特别强。

【选文4】

关于联系教师进修的函

××大学教务处：

　　首先让我们以××市公关学校的名义，向贵处表示衷心的感谢，过去为我校办学给予了很大的帮助。目前我校又面临一个很难解决的问题。

　　原来事情是这样的：我校开办不久，师资力量很差，决定派××位年轻教师到贵校旁听进修一年。我校与有关部门多次商量。但××位教师进修住宿问题，至今也没有得到解决。提高教学质量的关键是师资。

　　为提高我校教育质量，恳请贵处设法在贵校给解决住宿问题。但不知贵处是否有什么困难。如果需要我校给贵处办什么事情，请尽管提出，我校会竭力去办。

　　再说一句，贵处如能解决我校进修教师住宿问题，我们以我校领导的名义向贵校领导深深地表示谢意。

××市公关学校
6月8日

简评　该选文存在多处错误，你能根据所学的函的有关知识，一一指出该选文行文存在的不当之处吗？

选文4
参考答案

学而思

一、完成"任务导入"部分的写作内容。

二、公文格式除了最常用的文件式格式之外，还有信函式格式、纪要格式和命令（令）格式。你能区分一下文件式格式和信函式格式吗？函可以用文件式格式来发文，也可以用信函式格式，尝试着分别用两者不同格式发一下文吧！

三、小王是万科地产公司办公室新招聘来的文员，某日，办公室副主任老李

学而思
参考答案

给她布置了一项写作任务，主题是向南山区国土局申请购买位于蛇口大南山脚下的一块土地。小王的拟稿如下：

关于购买大南山脚下地皮的请示

南山区国土局：

由于我公司业务发展需要，特向贵局请求将蛇口大南山脚下三十万平方米的土地的所有权审批给我公司。

当否，请批示。

万科地产公司
2022年9月8日

办公室副主任老李看了文稿以后非常生气，认为这是一篇很不规范的文稿，首先文种的选择就不正确，因此找到小王，让她认真重新拟写文稿。小王陷入迷惑：难道请求事项不是用"请示"吗？你能帮小王理清思路，重新拟写一份规范的材料吗？

四、东风机械厂缺乏得力的企业管理干部，拟从现有的技术人员中抽出四人送去培训。据悉，省经委举办了一个短期企业管理干部培训班，于是该厂向省经委办公室发了一则询问是否同意代培本厂的管理干部的公函。省经委办公室收到函后，立即给东风机械厂回复了，请按上述的材料替东风机械厂和省经委办公室各写一份询问函和复函。

任务7

成功的助推器
——广告

教学目标

知识目标
1. 掌握广告的概念，了解广告的特点和种类
2. 掌握广告标题的写作形式
3. 掌握广告正文的写作内容和结构方式，广告语的写作方式
4. 理解广告写作的注意事项

能力目标
1. 能够写作富有创意的广告文案
2. 能够形成良好的综合分析能力和辩证思维能力
3. 能够形成良好的团队合作能力

素质目标
1. 使学生养成立足当下、面向未来的职业前瞻性
2. 培养学生的创新意识和创新精神
3. 培养学生团结协作、爱岗敬业的职业道德
4. 培养学生不断开拓进取的积极人生观

任务导入

在诸多营销推广的手段中，毋庸置疑，广告的宣传效果是最棒的。××商贸有限公司在积极筹备近期即将举办的茶叶产品推介会。为自己的茶叶产品拍摄一则广告，就被提上了议事日程。你能帮忙来策划一下吗？如何在广告文案撰写的基础上进行广告的拍摄呢？在产品广告中如何体现创意呢？大家来给陈小刚支支招吧！

知识百宝箱

一 文种介绍

（一）广告的概念

所谓广告，从汉语的字面意义来理解就是"广而告之"的意思，即广泛地向公众告知某种事物，是一种传播信息的重要手段。在应用写作的范畴内，广告是指通过报刊、广播、电视、网络、招贴等媒介公开、广泛地把相关信息向公众传递的一种应用文体。

广告有广义和狭义之分。广义的广告，其内容和对象都比较广泛，包括商业广告、公关广告、公益广告及各种公告、启事、声明、海报等；狭义的广告则专指商业广告。

商业广告，也被称为经济广告或营利性广告，它是广告主为了推销商品或服务以获取经济利益，以付费的方式，通过大众传播媒介向公众直接或间接地提供有关商品、商业服务信息的一种传播方式。从这个定义不难看出，商业广告有广告主、广告媒介、信息、广告费、广告对象这五个基本要素。

本教材所讲的商业广告，涉及的是广告的文字部分，后文也将从广告文案写作的角度进行说明。

（二）广告的特点

真实性　真实是广告的生命，商业广告的内容必须以真实性为基础。我国《广告法》明确规定："广告应当真实、合法，以健康的表现形式表达广告内容，符合社会主义精神文明建设和弘扬中华民族优秀传统文化的要求。广告不得含有虚假或者引人误解的内容，不得欺骗、误导消费者。广告主应当对广告内容的真实性负责。"广告文案的写作，也必须坚持实事求是的原则，不弄虚作假，不言过其实，不含糊其辞，任何虚假滥造的广告最终会失去消费者的信任。因此，在语言文字的运用上必须准确明白，做到客观中肯，向消费者提供真实可靠的信息。

功利性　商业广告具有非常明显的功利性，其目的就是为了推销某种商品或商业服务以获取利润。因此，商业广告必须能诱发大众的兴趣，适应并调动大众的消费心理，促使购买行为的形成，实现营利的目的。

时效性

从某种意义上来说，商业广告也是一种投资行为，具有投入产出的特点，需要尽快获得利益的回报，所以商业广告也具有时效性。商业广告不但要及时制作，也要配合商品和服务及时、适时地投入市场，才能起到宣传、推介的作用。

创意性

商业广告没有固定的模式，贵在新颖和创意。在今天这个广告传播形式多姿多彩的时代，只有富有创意的广告才能吸引大众的眼球，引起大众的关注，并很好地树立商品或商业服务提供者的形象。广告的创意是对如何表现广告主题的创造性的艺术构思，别具一格的广告依靠的就是新奇巧妙的创意。新颖的创意能够在商品或服务的提供者与消费者之间形成有效的沟通，从而广泛、深入、切实地传播信息。创意新颖是广告成功的关键。

（三）广告的种类

根据不同的标准，广告有不同的分类。

1．按广告的内容

可分为商品广告、企业广告和劳务广告。商品广告是以商品信息为广告内容，以销售商品为目的，向用户和消费者提供商品信息的广告。企业广告是以宣传企业，提高企业的知名度和声誉，树立企业良好形象为主的广告。劳务广告是向社会提供劳动服务的广告。

2．按广告的目的

可分为销售广告、形象广告和观念广告。销售广告是以推销商品为目的的广告。形象广告是宣传企业的历史和成就，树立企业信誉，塑造企业形象的广告。观念广告是通过广告宣传，树立对企业新的认识观念或对商品新的消费观念的广告。

3．按广告的诉求方式

可分为感性诉求广告与理性诉求广告。感性诉求广告是采用感性说服的方式，在向消费者介绍商品或服务的同时动之以情，使其对广告商品产生好感，进而购买使用。理性诉求广告是采用理性说服的方法，有理有据地直接论证产品的优点与长处，让顾客自己判断，进而购买使用。

4．按广告的传播媒介

可分为报纸广告、杂志广告、广播广告、电视广告、网络广告、招贴广告、交通广告、邮寄广告等。

5．按广告覆盖地区

可分为地方性广告、区域性广告、全国性广告和全球性广告。

二 文种写作技巧和方法

广告的写作一般是指广告文案的写作。广告文案是广告作品中用来表现广告主题和广告创意的语言文字部分，是广告内容的文字化表现。广告文案是广告得以形成和实现信息传播的基础，是广告活动中不可或缺的重要一环。

通常来讲，广告文案由标题、正文、附文和广告语四部分组成。

（一）标题

标题是广告文案中传递最重要或最能引起受众兴趣的信息，是广告文案的有机组成部分，也是广告的精髓所在。标题位于广告文案的醒目位置，它好比一个人的眼睛，"描龙画凤，全在点睛"。

广告标题的作用，既能起到揭示广告主题、提示要点、引人注意、加深印象的作用，又能引起消费者的兴趣，还可以起到活泼和美化版面的作用。好的标题更有"画龙点睛"的效果。

标题的写法灵活多样，有直接式标题、间接式标题和复合式标题三类。

1．直接式标题

即用简明的文字直接表明广告的主要内容，使人一看便知。这类标题具有直截了当、简单明了的优点，但也有缺点，缺乏吸引力。例如：

今天你喝了吗？娃哈哈果奶（娃哈哈果奶）

芬必得止头疼，一天都轻松（芬必得止疼药）

2．间接式标题

即不直接点明主题，而以耐人寻味的词句为题，用迂回的办法来吸引人阅读广告。这类标题富有情趣和文采，易于引人注目。缺点是有时候让人费解。例如：

万事俱备，只欠东风（东风汽车）

它就像孩子，你还没有就不会理解拥有的感觉（保时捷汽车）

热气腾腾，蒸蒸日上（三角牌电饭煲）

3．复合式标题

就是把直接式标题和间接式标题综合起来，制作出概括全面、表意完整、内容丰富的标题。

广告标题包括引题、正题和副题。复合式标题可以由引题+正题或正题+副题构成，也可以是正题、引题和副题兼备。这类标题兼有前两种标题的长处。例如：

融合国际先进科技　凝聚民族智慧情感（引题）

中国人的红旗（正题）（红旗轿车）

哪里不会点哪里（引题）

步步高点读机（正题）（步步高点读机）

不要打扰（正题）

威士忌，静静地为变成美酒而安睡着（副题）（天津三得利威士忌）

中国名酒（引题）

西凤酒（正题）

芳香可口，醇和甘甜，清洌净爽，余味久长（副题）（西凤酒）

（二）正文

正文是广告文案中对商品或服务的信息展开详细说明的文字，是对标题的解释，是广告文案的主体和核心。其结构通常分为开头、主体、结尾三部分。

1．开头

也称引言、开端，是广告文案的标题与正文的衔接段，一般承接标题而来，要以精练的文字生动地对标题的内容进行简单的说明并引出下文。开头要进一步激发消费者的阅读兴趣。

2．主体

也称中心，要阐述广告主题或提供论据，是正文的核心部分。主体部分要紧扣主题，精选事实，说明商品或服务的优势、特点，要摆出强有力的证据来说明商品或服务的优越性，点燃消费者购买的欲望，在客观真实的说明中，使消费者最终实现购买的行为。

主体的写法有多种，可以纵写，即按事物发展的先后来写，要理清线索，首尾清楚；也可以横写，即按事物的逻辑联系将内容分成几个问题或侧面来写，要点面结合，层次分明。主体部分要求条理明晰，切忌杂乱无章。

3．结尾

结尾是正文的结束部分，它的主要目的是敦促消费者及时采取购买行动。结尾不宜过长，要简短有力且具有号召性，有时也可用广告语来代替。

正文的写法很多，有陈述式、议论式、抒情式、描写式、故事式、提问式、幽默式等多种形式。正文的写作要求重点突出、简明易懂、生动有趣、令人信服。

（三）附文

也称随文，是在正文之后对广告内容所做的必要说明或补充。附文一般是购买商品或接受服务的方法等信息，具体有企业名称、地址、邮政编码、电话、开户银行、银行账号、价格、销售方式和地点以及权威机构的证明标识等。以上内容并非要在附文中全部列出，但附文要对消费者起购买指南的作用，所以信息要充分明确，具体实用。

（四）广告语

广告语又称广告标语、广告口号，是广告者从长远销售利益出发，为加强受众对企业、商品或服务的印象，在广告中长期、反复使用的特定、简短的宣传用语。

广告语具有特殊的作用，它向消费者传达的是一种长期不变的观念，能加深消费者对企业、商品或服务的独特优良个性的记忆，以形成固定的良好印象。广告语是强调广告主题的"语言标志"，甚至能成为消费者识别企业、商品或服务的符号。广告标语在某种意义上说，就像企业的商标一样，是企业营销的一个重要标志。

广告语有持续的促销作用，一些经久不衰的广告语更被视为无形的巨大财富而长期使用，如戴比尔斯钻石的广告语："钻石恒久远，一颗永流传"，就从1951年起用到现在。

广告语的创作是文案写作人员不可或缺的一种重要专业技能。广告语的写作要求简洁明确、便于记忆、朗朗上口、号召力强。广告语没有固定的写作模式，可以充分发挥。例如：

情系中国结，联通四海心。（中国联通）

海尔，中国造。（海尔）

我们不生产水，我们只是大自然的搬运工。（农夫山泉）

有家，有爱，有欧派。（欧派橱柜）

注意事项

一、广告语和标题在写法和形式上都有相似或相同之处，二者容易混淆，但是二者之间也有着明显的区别。第一，目的不同。广告语是要帮助消费者建立某种观念以指导消费，它是企业广告的标志，可以脱离正文单独存在；标题则要吸引消费者注意，并诱导消费者阅读广告正文，它与正文紧密联系。第二，使用时间不同。广告语使用时间较长，往往长期反复使用，甚至与商品商标和企业名称相伴始终；标题的使用时间相对较短，伴随着广告使用或停用。第三，在广告中的位置不同。广告语的位置比较灵活，没有特殊限制，可放在正文之前，也可放在结尾；标题的位置比较固定，往往在广告作品最醒目的地方。

二、语言有感染力。广告文案的语言既要准确简明，又要富于文采，既要通俗易懂、活泼风趣，又要充满个性、富有艺术情趣。广告文案要充分运用各种修辞手法和灵活的表现形式来增强其文学艺术意味，只有富有感染力和吸引力才能给人留下深刻印象，实现预期的广告效果。

三、优势要明显。创作广告文案时必须从众多的信息中选取最能体现商品或服务的功用，最能表现商品或服务的特性的核心点来作为信息宣传的重点，只有这样，才容易激发消费者的兴趣和关注，促进商品或服务的售出。

选文参考

【选文1】

在国际电视广告大赛中夺魁的索尼广告

画面：长沙发上一男青年在看电视。电视在画外，人物为正面表情，下同。

镜头一转，男青年身旁多了一个女青年。

镜头又一转，中间又出现一个活泼可爱的小男孩。

最后的镜头：这对男女垂垂老矣。沙发上又多了他们的儿媳和两个孙子。

广告词：这是索尼！

简评 这是索尼早期非常经典的一则故事式的广告文稿，曾经在电视广告大赛中获奖。本则广告很有创意。广告创意的生命力在于它的独特性和情节性以及自身丰富的蕴涵。索尼公司的广告创意别具一格，它以亲情为视角和切入点，以儿女与父母、长辈感情的真挚交流为载体，并以其别致的情节和丰富的内蕴向消费者展示了一幅温暖人心的亲情画卷。在"变"与"不变"的对比中，向消费者巧妙地宣传了索尼电视机这款产品的优良性能，很好地实现了广告的宣传效果。

【选文2】

谁能没有母亲？

谁能没有母爱？

母亲是爱，是真，是温暖，是欢乐，是美丽，是柔情……

母亲是一切，亲情浓浓，恒久不变，
千言万语，难以述说。
母亲的目光每时每刻牵系着儿女们的足迹，
她用世界上最动人、最无私无悔的爱，
编织着你展翅飞翔的梦；
而当孩子们阔步人生的时候，
白发却不知不觉缀上她的鬓间……
你有没有发觉，
母亲渐逝的青春已悄然开放在你身上？
你可曾懂得，
你最微小的心意于母亲都是最大的喜悦？
而每一位孩子又有多少不经意的遗憾呵……
表达爱心，现在正是时候，
5月10日，母亲节。
洋溢爱心最美好的日子。
可能的话，5月10日，让我们回家看看妈妈，
让我们轻轻地对她说："谢谢您，妈妈！"
让我们满怀感恩之心，
捎去"太阳神"对天下母亲的一片深情；
也捎去我们对每个家庭真诚的祝福：
"当太阳升起的时候，我们的爱天长地久！"

> **简评** 这是一则关于太阳神口服液的广告，优美的文辞，把人们带入母爱的世界。人非草木，孰能无情？人们对感情有强烈的需求，又时时受于感情的召唤。以情动人，就会大大增强广告的诱导作用。5月10日是"母亲节"，在这一天，太阳神集团推出以感恩母亲为主题的抒情广告诗，母爱贯穿始终。试想，读罢这则广告，谁能不为之动心而产生试一试的冲动呢？

【选文3】

"只溶在口，不溶在手"。（M&M巧克力）

简评 这是著名广告大师威廉·伯恩巴克的灵敏之作，堪称经典，流传至今。它既反映了M&M巧克力糖衣包装的独特USP，又暗示M&M巧克力口味好，以至于我们不愿意使巧克力在手中停留片刻。

一、完成"任务导入"部分的写作任务。
二、任选一款你喜欢的商品，撰写广告文案。
三、选择一句你熟悉的广告标语，试着分析一下。

学而思
参考答案

任务8

诚挚地邀请您
——请柬、邀请函

教学目标

知识目标
1. 了解请柬和邀请函等礼仪邀约文书的概念和特点
2. 掌握请柬和邀请函的格式和写作要求
3. 辨析请柬和邀请函写作的不同,理解两者的区别

能力目标
1. 能够独立完成请柬和邀请函的撰写与设计
2. 能够辨析请柬和邀请函写作的不同,能够根据实际需要选择恰当的文种进行写作
3. 能够根据要求提出合理的改进意见与方案

素质目标
1. 培养和提升学生的基本写作能力
2. 培养学生树立"礼仪"意识,得体地发出邀请
3. 培养学生树立"规范"意识,提升职场综合素质

任务导入

年末将至,茶叶产品推介会的各项筹备工作,也在如火如荼地进行中。整个推介活动的策划书也已经定稿,接下来,就是向有关单位或者个人发出一份邀请,邀请他们来参加近期举办的茶叶产品推介会。

如何出色地完成这项任务呢?陈小刚开始着手准备了……礼仪邀约文书除了请柬之外,还可以用邀请函,你知道这两个文种有什么区别吗?

知识百宝箱

请 柬

一 文种介绍

（一）请柬的概念

请柬，也称请帖。它是单位、团体或个人邀请他人参加会议、庆典、宴会、展会、纪念会等活动时常用的一种礼仪性的邀约文书，是一种简便邀请信。请柬多用于节日和各种喜事中，喜庆的色彩浓厚。

请柬的应用十分广泛，各级机关、企事业单位、社会团体和个人都可以制发请柬，召开会议、奠基、开业、展览、舞会、招待会、宴会等活动都可以使用请柬。

请柬是在不同社交场合经常使用的一种礼仪性专用文书，"柬"是帖子、信札的意思，所以请柬也属书信类文书。但请柬与普通书信不同，请柬是在逢重大事情或重要场合时使用，一般书信则通常是在双方不便、不宜或不能直接交谈时使用；请柬具有公开性，而普通书信具有私密性。

（二）请柬的特点

礼仪性　请柬的使用，包含着表达尊重、联络情感的意味，是礼仪、礼节的表现。请柬一般适用于重要情境，即便被邀请者近在咫尺，也要用请柬，表明邀请者的诚意和郑重态度，传达对被邀请者的尊敬和礼遇。请柬比一般书信更显得庄重典雅，有着深厚的传统文化特征。

简洁性　发请柬的目的是告知被邀请者有关的情况，因此请柬往往是把活动的名称、内容、时间、地点等进行简洁而完整的组合，几句话即可传递出所有必要的信息。另外，请柬一般是以套红的帖子的方式制成，因此，受帖子的篇幅限定，请柬的内容非常简洁，只表达最重要的信息，比如时间、地点、事由等信息。

公开性　一般书信确指性强，只有收信人才可以查看信件的内容，其他人则无此权限。请柬同样也有鲜明的确指性，但在通常情况下，请柬的内容可以公开，且允许他人查看的。日常生活中，请柬在传递时是不需要进行密封的。部分请柬甚至可以设计成普发式的传单，公开性的特征更加明显。

（三）请柬的种类

按不同的标准，请柬有不同的分类。常见的分类有以下两种：
（1）从内页形式上来分，有横式和竖式两种。
（2）从用途上来分，有会议类请柬、婚礼类请柬、庆典类请柬、宴会类请柬等。

二 文种写作技巧和方法

请柬一般包括标题、称谓、正文、落款、附语等几个部分。

（一）标题

标题通常是"请柬"或"请帖"，写在首行或首列居中的位置。如果举行的活动规模较大，为活动专门设计请柬，那么标题可以采用"活动的名称+文种"的方式。

请柬如果使用封面，也要写明"请柬"或"请帖"字样，常用套红或烫金大字，使之醒目而美观。

请柬的封面、封底都可以进行设计与装饰，人们把艺术加工过的柬帖制成纪念品，比如结婚请柬。所以请柬从内容到形式都极富礼仪特征，具有浓重的传统文化色彩。这样精心设计体现个性的请柬，是有收藏价值的。

（二）称谓

称谓也被称为抬头。写被邀请者的单位名称或个人的姓名，要另起一行（列）顶格书写，称谓之后要用冒号。也可在正文之后，以"此致"领起，另起一行（列）顶格书写。

邀请个人，一般称呼××先生、××女士。如果邀请者与被邀请者是亲戚关系，发给长辈的请柬可省略其姓名，直接写平时的称呼，如伯父、舅父、姑母、姨母等；发给平辈和小辈的请柬，则要加上姓名或只写姓名，如××哥哥、××侄儿等。如果被邀请者是单位或团体，需要其自行确定出席人，只写其单位或团体的名称即可，如××局、××研究院；对于被邀请者，有职衔学衔的要带职衔学衔，如××主任、××教授。

（三）正文

称谓的下一行空两格起写请柬的正文。正文通常用"谨定于……""兹定于……""特定于……"等作为开头，包括以下内容：

写明邀请的缘由或事项，活动的时间和地点，及其他注意事项等。时间要具体到钟点（××年××月××日（星期×）上（下）午××：00），地点也要明确具体。

如果需要征询被邀请者是否应邀，则要提出回函的请求，如"敬请回复""敬请回复为盼"等；如果不需要对方回复，则表示欢迎即可，如"恭请光临""敬祈届时出席""欢迎莅临指导"等。

（四）落款

写明邀请者的单位名称或个人姓名，通常单位还要盖公章，写明发出请柬的具体日期。

（五）附语

附语是用来作其他说明的，如活动的时间、地点、凭柬入场、着装要求等。附语一般出现在舞会、音乐会、大型招待会的请柬上，如"每柬×人""凭柬入场""请着礼服"等。附语部分应根据实际需要确定是否书写。

注意事项

一、表达要严谨准确

请柬的文字很少，务必准确无误，一定写清被邀请者的姓名、身份，邀请的事由、事项，活动的时间、地点等内容。请柬发出前，要对以上内容逐项核对，做到清晰明了，避免差错。若购买制好的现成请柬，要注意字迹必须端正工整，以示对对方的尊重。

二、语言要达雅兼备

"达"就是通顺、明白，语言不能有歧义；"雅"就是讲究文字美。要根据具体场合、内容和对象，采用得体的措辞，做到优雅、热情、庄重、友好，让被邀请者乐于接受。

三、发送时间要适当

请柬发送过早容易被遗忘，过晚又会令人措手不及。一般情况下，请柬要在离活动正式举办前一周发出，让被邀请者做好准备。请柬的发送应有专人负责，以便适时送达。

四、请柬的制作要精美

式样尽可能美观、大方，以示对被邀请者的尊重，并传达喜庆的气氛，通常可以用绘画、书法等来装饰，装帧精美令人感到亲切和愉快。

选文参考

【选文1】

请　柬

尊敬的××老师：

　　谨定于2022年6月21日（星期二）上午10：00到11：30，在学院北校区文体中心举行第六届多米诺骨牌大赛。诚邀您出席并担任本次大赛的评委。

2022级国际贸易实务4班
2022年6月15日

> **简评** 这是一封邀请参加比赛的请柬。时间、地点、缘由等事项交代清楚，要素齐全，格式正确，语言简洁、文雅、庄重，是一篇较好的范文。撰写请柬的时候，时间一定要具体到某个时刻，地点一定要具体明确。

【选文2】

请　柬

××教授：

　　为纪念著名作家×××诞辰一百周年，我会定于2023年3月中旬，在××市××大学学术报告厅举行×××创作艺术研究的学术研讨会，对×××的创作艺术进行研讨。欣闻您对×××素有研究，我们很希望您能莅临指导。如蒙应允，请于2023年3月9日到××路××号××大学××研究会报到。

　　附：请准备发言稿。

××研究会
2023年3月1日

> **简评** 这是一封学术研讨会的请柬。正文中写明了邀请的缘由，活动的时间、地点、主题，表达了对被邀请者的热切盼望，最后告知报到的时间、地点，附语还告知了其他事宜。
>
> 但活动的时间不够具体，"中旬"是个很模糊的概念，应该具体到哪一天或哪几天；"请于2023年3月9日到××路××号××大学××研究会报到"，

> 时间也不具体，应该写明×点；正文结束后要有表示敬请的话，如"敬请莅临指导""恭请尊驾莅临指导"等。可与后面学术研讨会的邀请函做一下对比。

【选文3】

请　柬

×××同学：

　　兹定于2023年3月6日上午9时到校医院看望病重的××老师，届时请准时到校医院指导。

××班委
2023年3月4日

> **简评** 这篇选文有多处错误。参加人不为客人，不用发请柬，请柬是只发给客人的。到医院看病人非隆重喜庆之事，不可发请柬，因为请柬是用于喜庆之事的。"请准时到医院指导"，措辞不妥，看医问药治疗事宜乃医生之事，学生无法对其进行指导，违背常理。

邀请函

一 文种介绍

（一）邀请函的概念

　　邀请函是用来邀请对方参加纪念会、座谈会或者学术研讨会等活动而使用的一种书信体文书。

　　邀请函与请柬相似，一般说来，邀请函多用于集体，而请柬多用于个人。邀请函的信息量比请柬大，使用范围也比请柬广，而请柬比邀请函更注重外观的装饰，显得更庄重、典雅，表达的礼仪、情感色彩更浓厚一些。

（二）邀请函的特点

确指性　即邀请函的发送对象是特定的单位或个人，一般是确指的。

礼仪性　邀请函的功能是用来邀请，因此包含表达尊重、联络情感的意味，具有一定的礼仪性。邀请函和请柬都可以归类为礼仪邀约文书。

告知性　邀请函的篇幅较长，除了请柬写作里面涉及的时间、地点、事由等要素之外，还可以写明活动的具体内容和运作方式。除了邀请的功能之外，还期待着被邀请者能够参与到活动中来，在活动中有所行动。

（三）邀请函的种类

按照邀请参加活动的内容的不同，邀请函分为活动类邀请函、会议类邀请函和工作类邀请函。

二 文种写作技巧和方法

（一）标题

可以直接以文种做标题，居中标明"邀请函"字样。

活动名称+文种。比如《多米诺骨牌大赛邀请函》《××联谊会活动邀请函》。

可以采用公文式标题，如《关于邀请出席×××研讨会的函》或者《关于出席×××研讨会的邀请函》。

（二）称谓

另起一行顶格来写被邀请的对象。如果邀请的是单位，则需要写明单位名称，用全称或者规范化的简称；如果邀请的是个人，则在个人姓名后缀职务、职称或"先生""女士"。称谓之后要加冒号。

部分邀请函，由于对象不确定，可以省略称呼，或者以"敬启者"统称。

（三）正文

称谓的下一行空两格来写正文，正文交代会议或活动的目的、内容、性质、时间、地点等，文末写"敬（恭）请光临""恭候光临""恭贺大驾""此致敬礼"等礼貌用语。

（四）落款

写明邀请者的单位名称或个人姓名，并且写上发出邀请的具体日期，标明年月日。

注意事项

一、邀请函的内容务必要详细周到

邀请函是被邀请对象应邀参加某项活动，进行必要准备的依据，所以各项应注意事项都要在邀请函上体现、反映出来，这样可以避免一些意想不到的麻烦。如联系人、联系电话、食宿或携带物品、文件要求、交通路线等，要在邀请函的后面注明。

二、邀请函的语言要谦敬有礼

邀请函的内容实质上等同于通知，但是在语气上又有几分商量的意味，因此不能使用命令式的语言，而要谦恭有礼。措辞要简洁、文雅，除用礼貌用语外，语气带有希望、请求之意，以表诚心。

三、邀请函的发送务必及时

有的邀请函还附有回执，征询对活动的建议等，要求被邀请者回复，因此邀请函应在活动举办前大约一周发出，预留出充足的时间，让被邀请者对其当前的工作进行统筹安排，不会因为来不及准备或拿到邀请函时已过期而错过举办的活动。

四、注意递送方式

为了表示诚挚的邀请，有些重要的邀请函最好是由本人亲自递送给被邀请者。不过现在电子版的邀请函因其快捷便利而被广泛应用，稳妥起见，应在发出电子版邀请函之后，打电话或发信息，以确认是否成功送达。

五、邀请函与函的区别

邀请函也叫邀请书、邀请信，与公文写作中的"函"是两种不同的文种。邀请函不是函的一种，两者归属不同的类别。函是公文，而邀请函是书信的一种，是专用于邀请的场合，属于专用书信。

选文参考

【选文1】

清华大学公共管理学院百年校庆邀请函

亲爱的院友：

大家好！

巍巍吾校，世纪沧桑，紫荆竞妍，春意正盎；水清木华，煌煌上庠，滋兰树蕙，薪传八方。

2011年4月24日是清华大学建校一百周年的历史重要时刻，韶华似水，百年辉煌，清华自诞生起，就担负起了民族复兴、中华崛起的伟大历史责任和使命。悠悠百载，求索征程，清华岁月相信已沉淀为人生中的宝贵回忆，凝结成了清华人独有的风骨。

十年树木，百年树人。在清华大学迎来百年华诞的时刻，我们不禁想起了公管学院十年院庆的欢乐画面，仿如昨天。在清华的新百年，学院还将秉承"自强不息，厚德载物"的清华校训和"明德为公"的院训，为社会培养更多的人才；为国家和各级地方政府决策提供更多、更好的咨询建议，努力为中国社会的发展与进步做出贡献。

值此春回大地、万物复苏的校庆之际，公管学院对各位院友送上温暖的问候和美好的祝愿，并诚挚地邀请大家重返美丽的清华园，与全校师生一道，齐襄盛典，见证历史，同谱华章，畅叙情谊，亲睹清华百年新姿，共话母校未来发展。

4月23日，校庆期间公管学院将在学院举办院友茶话会，学校也将首次举办研究生校友返校纪念大会，届时欢迎各位院友参加。

最后，再次热烈欢迎各位院友返校联欢，见证这一历史性的时刻！

祝您工作顺利、阖家幸福！

清华大学公共管理学院

2011年3月23日

> **简评** 这是清华大学百年校庆的时候，公共管理学院给学院毕业的校友发的一份邀请函。称谓是院友，指的是公共管理学院毕业的学生，正文写邀请对方参加百年盛会。百年盛会，人世难逢，所以行文时既有诚挚地邀请之意，亦不乏百年盛会的喜庆之意，主体部分还简要写了院友茶话会的安排，条理清楚，语言谦敬，颇能体现礼仪信函的特点。文后附有百年校庆日程安排表，此选文省略了此内容。

【选文2】

第56届全国电子产品展销会
暨2000年（上海）国际消费电子展开幕仪式
请　柬

尊敬的×××先生/女士：

　　第56届全国电子产品展销会暨2000年（上海）国际消费电子展开幕仪式定于2000年10月25日（星期三）上午9：30在上海光大会展中心东馆（上海市漕宝路78号）举行。

　　诚邀您届时莅临指导。

第56届全国电子产品展销会组委会
2000年10月10日

（敬请持本柬的贵宾于上午9：00准时到会展中心贵宾休息室签到）

第56届全国电子产品展销会
暨2000年（上海）国际消费电子展
邀请函

尊敬的×××先生/女士：

　　您好

　　第56届全国电子产品展销会暨2000年（上海）国际消费电子展，定于2000年10月25日至28日在上海光大会展中心举行。本届展会，展厅面积达3万平方米，参展的中外电子企业逾一千家，称得上是新千年中国电子工业的一次盛大检阅。从展会所展示的技术和产品中，人们可以充分感受到新千年中国电子工业进一步腾飞所展现的新成果、新面貌以及中国电子工业跨世纪发展的新趋势。

　　受本届展会组委会委托，特邀请您出席定于2000年10月25日上午9：30在上海光大会展中心东馆（漕宝路78号）举行的第56届全国电子产品展销会暨2000年（上海）国际消费电子展开幕仪式，并参观指导。

　　敬请您准时莅临为盼。谢谢您的支持和合作。

上海××公共关系有限公司
2000年10月18日

　　如有垂询，敬请与本公司下列人员联系：×××先生，电话：××××××××　×××

> **简评** 请柬相对简约，而邀请函的内容比较丰富，信息量比请柬大，邀请函是不受篇幅、纸张的限定的。这两则材料的对比，就可以很好地体现请柬和邀请函的区别。如果在发出邀请的同时，又想向被邀请的对象来详细说明举办活动的目的、宗旨、规模、意义等内容，那么，邀请函无疑是更合适的文种。

【选文3】

二○二三年全国普通高校评卷教师
邀请函

×中学××老师：

经研究，决定邀请你参加今年全国普通高考语文科评卷工作。如果你不需要回避，无直系亲属参加今年普通高考，请于七月十一日到××师范大学阅卷场报到（请开具介绍信，并带工作证）。

此致
敬礼

全国普通高考××师大阅卷场办公室
2023年5月28日

> **简评** 这篇选文的措辞与上两篇有着明显的不同。一般而言，邀请函属于礼仪邀约文书，所以行文时，语言要求简明扼要，语气诚恳，但是具体问题具体分析，行文时候的措辞要与邀请对方参与的活动风格相一致。毕竟高考阅卷是很严肃的事情，因此该选文行文也与之适应，有指令性的语言，不容有误。另外，邀请函写作时要特别注意，邀请的单位或个人的称谓、活动时间和地点不得有任何的错误疏漏。

【选文4】

国际汉语应用写作学会第十六次学术大会
暨国际汉语应用写作研究首届青年论坛邀请函

尊敬的教授/学者道鉴：

为交流和推广新时代应用写作理论与教学创新研究成果，提升汉语应用文理论、实践、研究和教学水平，国际汉语应用写作学会和××学院、香港××大学中国语文教学中心、《应用写作》杂志社等联合举办2022年国际汉语应用写作学会第十六次学术大会暨国际汉语应用写作研究首届青年论坛。本届大会将采用线下线上同时举办的形式。久仰阁下学养深厚，汉语应用文研究成果丰硕，特邀请阁下莅临。现将有关事项奉告如下：

一、筹办单位

主办：国际汉语应用写作学会

承办：××学院、香港××大学中国语文教学中心

协办或学术支持：高等教育出版社、《写作》杂志社、《应用写作》杂志社、中国石油大学出版社

二、会议时间

会议报到：2022年11月18日（星期五）

会议研讨：11月19日（星期六）—11月20日（星期日）

会议结束：21日散会

三、会议地点

××学院（××省××市××区××道×段）

四、会议主题及议题

（一）主题：新时代应用写作理论与教学创新研究

（二）议题：

1．新时代的应用写作沟通、传播与社会治理

2．网络语言与网络文化对应用文写作的影响

3．云时代的应用文写作与智能化训练

4．新文科背景下的应用文写作与教学创新

5．现代化视域下的应用文写作与教学创新

6．应用文写作中如何践行以人民为中心的发展思想

7．国家语言国际竞争力（母语交际能力）视域下的应用文写作研究

8．基于构建人类命运共同体的汉语国际教育（国际中文教育/全球华语教育）范畴下的应用文教学研究

五、参会回执

9月30日前提交参会回执（见附件1），发至会议专用邮箱：××@126.com。邮件标题为"回执—2022年学术年会—姓名"，以收到回复确认为准。

六、参会论文

（一）提交论文

请于10月30日前将参会论文全文（5000~10000字，排版格式详见附件2）的word版发送至会议专用邮箱（同上）。邮件标题为"论文全文—2022年学术年会—姓名"，以收到回复确认为准。论文应未曾公开发表。

（二）论文盲审

会议主办单位将于11月5日之前邀请学者对论文全文进行盲审，以便安排会议正式发言。

（三）论文评奖

会议期间，会议主办单位将组织专家对与会人员的参会论文进行匿名评审，评出不同等次的优秀论文，颁发获奖证书。

（四）论文出版

本次会议拟出版论文集，展示新时代国际汉语应用写作理论与教学创新研究的最新成果。

七、会议费用

参加本次线下现场会议的，每人收取××元人民币会务费，由住宿酒店代收并出具发票。

会议承办单位统一安排现场会议食宿。食宿费及差旅费自理。

参加网上在线会议为免费。如获会议安排正式发言、获奖等，提供相应电子证书（不提供任何纸质证书和文件）。

八、会议报到及理事会

（一）会议报到：2022年11月18日（星期五）9:00—21:00，××酒店。

（二）理事会议：报到当晚19:00—21:00，线上线下同步召开学会理事会。

九、参加学会

本次会议理事会将讨论普通个人会员入会事宜，凡参加本次会议的非会员均可提交入会申请表（见附件）。

十、会议联系

联系人：××，联系电话：××××××××

附件：1. 国际汉语应用写作学会第十六次学术大会暨国际汉语应用写作研究首届青年论坛回执表
2. 会议论文排版格式
3. 国际汉语应用写作学会个人会员申请表

国际汉语应用写作学会
××学院
香港××大学中国语文教学中心
2022年9月8日

附件1

国际汉语应用写作学会第十六次学术大会
暨国际汉语应用写作研究首届青年论坛参会回执

*国家及地区			
*姓名		*性别	
*单位		*职务（职称）	
*电子邮箱		*手机号码	
*拟参加本次会议的形式	□现场		□远程在线
*是否为在读学生身份参加会议	□是		□不是
是否提交论文	□是		□否
论文题目（拟）			
*住宿	信阳市喆啡酒店 □双人间（每人248元）□单人间（350元） 日期：11月18日至20日，共3晚		
备注	（个人需要向会议承办方说明的食宿事项）		

注：*为必填项目。9月30日前提交参会回执至会议专用邮箱：××@126.com。邮件标题为"回执—2022年学术年会—姓名"，以收到回复确认为准。

简评 这是一篇比较典型的学术会议邀请函。如果需要向被邀请对象多方面、多角度详细介绍会议或者活动情况，即要介绍的内容较多，多于三条的时候，可以采用这样的分条列项方式，用一、（一）、1、（1）来分层，这样会使得整个行文条理清晰，一目了然。所描述内容较多，强烈建议用这种分条列项方式写正文内容，并且注意各层次之间的关系。

该选文有几条信息是任何邀请书的写作都必不可少的，你能找出是哪几条吗？

有的邀请函还附有回执，本选文回执以表格的方式来征询对活动的建议、住宿安排以及机票是否需要预订等信息，要求被邀请者回复，被邀请者根据自身情况如实填写即可。

学而思

一、完成"任务导入"部分的写作内容。

二、2023年8月10日是××学院建校五十周年。是日上午10点，学院要在大学生俱乐部举行隆重的庆祝仪式。王红女士是××学院14届毕业生，现为一大型物流公司的总经理，请你以××学院名义，邀请王红女士回校参加五十年校庆庆典仪式，并且作为优秀毕业生代表发言。

学而思
参考答案

根据上述材料分别撰写请柬和邀请函，可以根据需要增加相关内容，来体会请柬和邀请函写作的异同。

三、有人说，邀请函是函的一种，这种说法是否正确，请谈谈你的观点。

任务9

公文写作中的"老黄牛"
——通知

教学目标

知识目标
1. 了解公文通知的含义
2. 了解通知的适用范围及类型
3. 掌握通知的写作格式和写作技巧

能力目标
1. 能够区分不同类型的通知的使用范围
2. 能够根据实际需要撰制格式规范的各类通知

素质目标
1. 培养学生严谨、自律的职业操守
2. 培养学生树立正确写作的规范意识、规则意识
3. 培养学生的保密意识
4. 增强大学生的责任感与使命感，提高爱国意识

任务导入

××商贸有限公司确定春节放假时间为1月24日（腊月二十九）至2月1日（正月初六），各部门要做好放假前的工作安排，检查电脑、电源、门窗等，确保没有安全隐患。1月11日下午举行公司新春团拜会，团拜会分为总结表彰、游戏竞赛、晚宴三大活动板块，8日前各部门将2022年年度总结和2023年年度计划交到公司办公室。上述事项需告知各部门做好准备。

知识百宝箱

一 文种介绍

（一）通知的概念

《党政机关公文处理工作条例》规定，通知适用于发布、传达要求下级机关执行和有关单位周知或者执行的事项，批转、转发公文。

通知是公文中应用范围最广、使用频率最高的公文之一，被称之为公文写作中的"老黄牛"，党政机关公文都把它列为主要文种。通知一般是下行文，也可以是平行文。

（二）通知的特点

功能的多样性	通知是运用得最为广泛的下行文，在下行文中，通知的功能是最为丰富的。它可以用来布置工作、传达指示、晓谕事项、批转和转发文件等，总之，几乎下行文的主要功能它都具备。因此，通知的写作灵活自由，使用比较方便。
使用的广泛性	使用通知的机关单位非常广泛，通知的发文机关，几乎不受级别的限制。大到国家级的党政机关，小到基层的企事业单位，都可以发布通知。另外，通知的内容也非常广泛，无论是传达重要的方针政策，还是反映基层单位的日常行政工作，都可以使用通知。
办理的时效性	通知事项一般要求立即办理、执行或者知晓，不容拖延。比如会议通知，只在指定的一段时间内有效，超过了这个时效，也就失去了意义。
对象的专指性	通知大多是专门针对某个机关或者是相关工作人员而发的，因此具有专指性的特点。它不像公告和通告那样具有泛指性。

（三）通知的种类

通知按内容和作用可分为以下几种。

1. 指示性通知

主要用于向下级机关布置工作任务，做出指示，但又不适宜用命令或者指示时使用，用于下行。凡是需要对某一事项进行处理、对某个问题做出指示，又不适合用命令、决定、指示等文种行文的时候，均可采用通知的形式进行处理。

2．知照性通知

用于需要晓谕、关照的事项。这类通知一般只有告知性，没有指导性。其用途较为广泛，例如机构设置的变更、办公地址的迁移，假期的安排等，都可使用这种通知。用于下行、平行。

3．转发性通知

批转下级机关的公文，转发上级机关和不相隶属机关的公文时所使用的通知。

将某一下级机关报来的文件（主要是建议性报告或工作报告）转发给有关下级机关，叫作"批转"。将上级机关发下来的文件，或不相隶属机关发来的文件（主要是指示、意见、通知等）转发给下级机关，叫作"转发"。

4．事项性通知

内容一般是有关机关日常事务的通知，如会议通知、入学通知或者停水停电通知、节假日放假通知等。

二 文种写作技巧和方法

通知虽然种类较多，写法各异，但是基本格式还是较为固定的。一份通知，一般由标题、主送机关、正文和落款四部分组成。

（一）标题

通知的标题有四种写法：

一般采用公文标题的常规写法，即由发文机关+事由+文种组成。如《中共中央办公厅、国务院办公厅关于严禁用公费变相出国（境）旅游的通知》。

也可以省略发文机关，由事由+文种组成标题。如《关于印发〈规范国有土地租赁若干意见〉的通知》（国土资发〔1999〕222号）。

也可省略事由，由发文机关+文种组成标题。如《国务院通知》。

直接用文种，如《通知》。主要是针对单位内部使用。

注意：批转、转发性通知的标题也是由三要素组成。批转、转发性通知的标题内又含有一个被批转或被转发公文的标题，是大标题里面包含着一个小标题，这个小标题是作为大标题的事由出现的。批转和转发文件的公文，所转发的文件内容要出现在标题中。如果被转发、批转的公文是法规性文件，则须在法规性文件名称上加上书名号，否则都不需要加书名号。比如《国务院办公厅转发教育部等部门关于进一步加快高等学校后勤社会化改革意见的通知》。另外，如果是以通知的形式转发通知，那么标题只保留本通知的文种即可。

（二）主送机关

主送机关是公文的主要受理机关，是必须承办、执行和应当知晓该通知的受文机关，也是需要执行或者知晓通知内容的下级机关。

通知的发文对象比较广泛，因此，主送机关较多，要注意主送机关排列的规范性。如国务院发的通知的主送机关是"各省、自治区、直辖市人民政府，国务院各部委、各直属机构："。由于级别、名称不同，主送机关的称法和排列非常复杂，这个序列显然是经过深思熟虑后确定下来的。

如果是针对单位内部发通知，也可以不用主送机关，但在正文部分要体现受文对象。

（三）正文

通知的正文由通知缘由、通知事项、执行要求和结尾四部分组成。

1．通知缘由

说明发通知的原则、目的或者依据，表述有关背景、根据和意义等。一般而言，指示性、知晓性的通知，开头部分都可参照这种写法。而批转、转发性文件的通知，根据情况，可以在开头表述通知缘由，但多数以直接表达转发对象和转发决定为开头，无须说明缘由。

2．通知事项

这是通知的主体部分，告知需要受文机关了解或者知照的事项。发布的指示、安排的工作、提出的方法、措施和步骤等，都在这一部分中有条理地表达。内容复杂的一般会采用分条列款的方式来写。

3．执行要求

发布指示、安排工作的通知，可以在结尾处提出贯彻执行的有关要求。如无必要，可以省略这一部分。

4．结尾

常以"特此通知"这样的惯用语作为结束语，还可以再次明确通知的主题或者作必要的说明。其他篇幅短小的通知，一般不需要有专门的结尾部分。

（四）落款

包括发文机关署名和发文日期两部分。新条例规定不可省略发文机关，同时要加盖印章。发文日期要用阿拉伯数字，年月日都要齐全。

注意事项

一、通知的语言要准确简明、朴素得体。通知有多种行文方向，不同的行文方向，其语言要求也不尽相同。如下行文要体现发文机关的权威性和指令性；平行文要体现沟通交流的态度，表现出应有的尊重，切忌使用指令性的语言。

二、通知事项、要求以及措施等要交代得具体明确，而不能模棱两可，似是而非，让受文单位无法贯彻执行。实质上通知最大的特点就是告诉人们要遵守什么、执行什么、做什么，因此，必须用简练的语言写得清楚明白。

三、通知的结构安排要合理，重点突出。通知的内容广泛，形式多样，写法也没有固定格式，因此，不管哪一类的通知，其结构的安排一定要合理，重点突出，要条理清晰，简明扼要，通俗易懂。

选文参考

【选文1】

××大学关于召开
2022年度教学工作暨年终总结会议的通知

各系、各部门：

为落实教学工作中心地位，增强服务教学中心意识，规范教学管理促学院建设，提高教学质量，促进学院发展，对过去进行总结，对未来进行展望。经学院研究，决定召开本次会议，现将会议有关事项通知如下：

一、会议主题

深化教育教学管理，提高教学质量，交流心得，总结经验，为推进学院的建设与发展提供强有力的支撑。

二、会议地点

学校图书馆四楼学术报告厅。

三、会议时间

2023年3月15日（全天）上午8:30开幕。

四、参会人员

各部门推选代表参会，以参会人员名额分配表（见附件）为准。

五、会议要求

（一）参会人员要遵守会议纪律，准时参会，关闭手机或调至静音。

（二）各教学系（包括成教部、马列室、附中）负责人要在会上作本部门教学工作的总结与建议性发言；各行政部门（包括校区管委会）负责人要作部门工作总结与建议性发言，尤其要强调服务教学中心所做的工作。发言时间控制在10分钟，发言顺序由会议统一安排。

六、其他事项：

由于期末事务繁重，原定于15日召开的"办学思想大讨论"会议延期至下学期的10月14日，要求各参会部门提交关于办学思想、办学理念、办学思路、转变职业教育教学意识、办学内涵提升、学科专业建设理念、部门工作理念、大学文化和精神、校训凝练和内涵等方面的论文，以编印《办学思想大讨论论文集》。假期中，望承担撰写任务的同志结合工作实际和教育发展的趋势，保质保量完成论文写作（字数要求在4000字以上），于8月22日前发电子文稿至如下邮箱：××6789@163.com，以确保会议顺利召开。

特此通知。

附件：1. 参会人员名额分配表
      2. 会议议程

××大学

2023年2月9日

> **简评** 这是一则会议通知。其正文内容两大部分，一是开头导语部分，写明会议的缘由、起因、目的等；二是具体会议事项，交代清楚会议的主题、时间、地点、与会人员等，另外需要准备的材料，需要补充说明的内容也要写上。总之，第二部分的内容要写得周密具体，这是写作会议通知的关键，事无巨细，需要的内容不能有任何的遗漏。因此会议通知要求把与会

议有关的事项一次性地交待清楚，这样既可以避免再次发补充通知，又免得与会人员反复询问。

【选文2】

第二中学关于召开家长会的通知

尊敬的家长：

　　为了使您能更好地了解当前学校教育和您孩子的学习状况，加强家庭和学校的联系，最大程度地促进您孩子的进步。我校定于本周五（3月24日）在各班教室召开家长会。请您接到通知后，提前安排好工作，准时参加。（注：家长会这天下午学生不上课，请家长把孩子留在家里，做好安全工作。）

第二中学

2023年3月20日

简评 新学期伊始，为了更好地促进学校和家长的沟通交流，不少学校决定召开家长会，于是家长们总会接收到类似的通知。其实关于召开家长会信息的传达，不应该采用"通知"的形式，因为毕竟家长和学校之间不是上下级关系，参加家长会活动，学校是作为活动主办方来发出邀请，因此，这个事项的解决，用文种"邀请函"更恰当。由此可见，选择正确的文种写作，是正确写作的第一步，也是极为重要的一步。

【选文3】

教育部关于发布《教师数字素养》教育行业标准的通知

各省、自治区、直辖市教育厅（教委），各计划单列市教育局，新疆生产建设兵团教育局，有关部门（单位）教育司（局），部属各高等学校、部省合建各高等学校：

　　为深入贯彻落实党的二十大精神，扎实推进国家教育数字化战略行动，完善教育信息化标准体系，提升教师利用数字技术优化、创新和变革教育教学活动的意识、能力和责任，我部研究制定了《教师数字素养》标准，现作为教育行业标准予以发布，并自发布之日起施行。

　　特此通知。

附件：教师数字素养

教育部
2022年11月30日

附件：教师数字素养（略）

 这是一篇发布性通知（教科信函〔2022〕58号），《党政机关公文处理工作条例》规定，通知具有发布功能，主要用于发布法规、规章。发布性通知的写作较为简单，正文写明发布依据、实施时间、发布方式和执行要求等内容，必要时可强调通知事项的重要性，提出贯彻执行的具体要求。

学而思

一、完成"任务导入"部分的写作内容。

二、××县工商行政管理局、××县公安局研究决定召开一次全县旅店整顿工作会议，旨在规范大和县旅店市场秩序，布置近期旅店整顿工作任务。时间定于2023年3月12日—13日，会期两天。3月12日在××招待所报到，13日上午8∶00会议在第一会议室正式召开。要求全县国营、集体、个体旅店负责人、县局所属公安分局、派出所和工商所负责人全部参加会议。食宿费自理。差旅费凭票证回各自单位报销。请你帮忙给全县各旅店发送通知，告知以上事项。分条列项来写，根据需要可以增加相关内容。

学而思
参考答案

三、为了提高人才队伍政治素质和业务水平，山东省教育厅将于2022年12月20日至12月23日，在临沂市委党校举办山东省高校领域新增高层次人才培训班，要求各高校2022年新增长江学者、千人计划专家、国家杰出青年、泰山学者参加，届时将对国家和省人才工作最新政策、山东省科技创新与成果转化有关政策进行解读，培训期间还将组织高层次人才座谈会，并参观临沂革命老区，进行社会主义核心价值观和红色教育。请根据以上材料，代省教育厅拟写一份培训通知。

思政点滴

××学院关于做好
党的二十大精神进教材工作的通知

各系（部）：

为贯彻落实《中共中央关于认真学习宣传贯彻党的二十大精神的决定》，根据《××省教育厅（中共山东省委教育工委）办公室关于做好党的二十大精神进教材工作的通知》（×教厅办函〔2023〕××号）要求，推动党的二十大精神进教材、进课堂、进头脑，及时全面准确在高校教材中落实党的二十大精神，现将有关事宜通知如下：

一、总体要求

学习领会党的二十大精神，坚持全面准确，深入理解内涵，精准把握外延，认真领悟党的二十大提出的新思想新论断、做出的新部署新要求，切实提高政治站位，做好党的二十大精神进教材工作。各单位要把推进党的二十大精神进教材作为当前和今后一个时期的重要任务，加强整体设计，采取有力措施，及时全面准确在课程和教材中落实党的二十大精神，充分发挥教材的铸魂育人功能，为培养德智体美劳全面发展的社会主义建设者和接班人奠定坚实基础。

二、自编教材修订工作要求

（一）加强组织领导

各部门要高度重视，认真组织实施，做到应修尽修，确保教材修订及时全面准确。

（二）严格修订要求

修订教材时，要认真对标对表，加强整体设计和系统梳理，做到内容准确、思路清晰、重点突出；要符合职业教育的类型特征和教学特点，突出教材的实践性和操作性，贯彻党的二十大报告中提出的绿色低碳理念；要尊重学生认知规律，针对学生年龄特点，紧密联系学生思想、生活和学习实际；要紧密结合专业自身特点，选择适当的融入点和融入方式，合理安排、设计内容，避免简单贴标签；要注意听取吸纳一线教师、学生和社会各界意见。

（三）认真学习领悟

编写教师要认真研读党的二十大报告和党章，学习习近平总书记在党的二十届一中全会上的重要讲话精神，运用好《党的二十大报告辅导读本》《党的二十大报告学习辅导百问》等辅导材料，全面准确理解党的二十大精神，深入领会、学懂弄通，切实为做好教材修订工作打牢思想基础、提高认识水平。

三、自编教材修订内容及安排

（一）修订范围

我校教职工主编的正式出版教材以及我校立项待出版的教材。

（二）修订内容

1. 教材中原有的相关表述或数据需要更新的部分。
2. 教材中需要加入党的二十大精神内容的部分。

（三）工作程序

第一阶段：主编自查，2月8日前，各部门统计本单位内符合修订范围的教材，要求主编进行自查，并填写《党的二十大精神进教材工作有关教材修订信息统计表》（见附件1），由所在部门汇总之后发送至××老师内邮。

第二阶段：实施修订，主编教师需在2023年4月1日前完成2023年春季学期使用的教材修订送审工作，2023年7月1日前完成2023年秋季学期使用的教材修订送审工作。

四、其他工作要求

1. 对于应当修订而未完成此次修订任务的自编教材，将不允许继续在教学中使用。
2. 修订审核所需样书由主编负责提供。

××学院

2023年2月6日

> **简评** 学习宣传贯彻党的二十大精神作为当前和今后一段时期首要政治任务，迅速在全省教育系统兴起学习宣传贯彻热潮。认真制定工作方案，抓好组织学习、宣讲培训，开展丰富多彩的教育活动，深入推进党的二十大精神进教材、进课堂、进头脑。充分发挥教育领域人才和学科优势，加大研究阐释力度，力争推出一批高质量研究成果。真正把学习贯彻党的二十大精神的具体成效转化为工作实效。要努力办好人民满意的教育，为党育人、为国育才，锚定"走在前、开新局"，大力推进全环境立德树人工作，加快推动教育高质量发展，为新时代中国特色社会主义现代化建设作出更大贡献。

任务10

表彰先进，批评错误
——通报

教学目标

知识目标
1. 掌握通报的概念，了解通报的特点和种类
2. 掌握通报的写作方法和技巧

能力目标
1. 能够写作符合规范的通报
2. 能够形成辩证看待问题的能力
3. 能够形成良好的团队合作能力

素质目标
1. 培养学生的集体荣誉感，激发学生对社会公平正义、责任担当的热情
2. 培养学生树立正确写作的规范意识、规则意识
3. 培养学生团结协作、敢于担责、爱岗敬业的职业道德
4. 培养学生规则意识、边界意识

任务导入

20××年9月19日，××商贸有限公司一茶叶生产车间，4名工人在工作时间却聚众打扑克牌，导致大批货物无法如期交付。由于工人违反公司管理规定，不按规程办事，终酿成质量事故，造成恶劣影响。为此，公司决定扣除4名工人工资400元，并把此事作为教训告知每一位工人，引起重视，以此为戒。请根据以上内容撰写相关材料。

知识百宝箱

一 文种介绍

（一）通报的概念

《党政机关公文处理工作条例》规定，通报适用于表彰先进、批评错误、传达重要精神和告知重要情况，是常用的下行文。

（二）通报的特点

题材的典型性　通报的题材，不论是表彰性的、批评性的，还是通报情况的，都要求有典型意义。典型就是既有普遍性、代表性，又有个性和新鲜感的事实。只有普遍性没有个性的题材，不能给读者以深刻印象；只有个性没有普遍意义的题材，缺乏广泛的指导价值。通报的题材，要做到个性与共性的统一。

思想的引导性　通报的内容，不论是表彰性的，还是批评性的，其价值都并不仅仅在于宣布对事件的处理结果，而是要或者树立学习榜样，或者提供借鉴，使读者能够总结经验、吸取教训，思想上受到启迪，得到教益。

制发的时效性　通报所涉及的事实比较具体，写作时对发生的时间、地点等要素都要进行交代。而这些具有典型意义的事件，总是跟特定的时代背景，跟某一时期中普遍存在的问题和现象，有着紧密的联系。因此，制发通报要抓住时机，及时地将先进典型和经验予以推广，对反面典型予以揭露批判，对某些重大事项或重要情况予以通报，也就是说通报的写作和传播都应该是迅速及时的，错过时机的通报，也就没有行文的意义了。

（三）通报的种类

通报按照内容来分，有以下三种。

1. 表彰性通报

这种通报是用来表彰先进人物或先进集体，介绍先进事迹、推广典型经验的，这是从高层机关到基层单位都广泛采用的常用公文类型。如《××省人民政府关于表彰多渠道筹措教育经费改善办学条件先进单位的通报》。

2．批评性通报

批评性通报是针对某一错误事实或某一有代表性的错误倾向而发布的通报，其目的是通过揭露或者批评，以儆效尤，防止类似情况的出现，有针砭、纠正、惩戒的作用。它可以是针对某一个人所犯的错误事实而发，如《××省教育委员会关于××县××乡教育组长王××挪用教育经费私建住宅的通报》；也可以是针对某一部门、单位的不良现象而发，如《国务院关于部分地区违反国家棉花购销政策的通报》；还可以是针对普遍存在的某个问题而发，如《中共中央纪律检查委员会关于立即刹住用公款请客送礼、吃请受礼歪风的通报》。

3．情况性通报

也叫传达性通报，用来传达重要精神、沟通重要情况的通报就是情况通报。多用于向有关方面知照应掌握和了解的信息和动态，以供工作参考。为了让下级单位对一些重要事件或全局状况有所了解，上级机关应该适时发布这样的通报。一般而言，关于党的建设、关于党内宣传教育活动、关于工业经济效益、关于工程进展、关于资金筹集情况等，都可以成为这类通报的主要内容。

二 文种写作技巧和方法

（一）标题

通报的标题有两种常用写法：一是完整式，即由发文机关、事由和文种三个要素构成。如《××省人民政府关于表彰多渠道筹措教育经费改善办学条件先进单位的通报》。二是省略发文机关，即由事由和文种组成。如《关于××违反劳动纪律的通报》。

（二）主送机关

除了普发性的通报外，其他通报都应该标明主送机关。一般为下级机关。因此通报这个文种属于下行文。

（三）正文

通报正文一般由主要事实、事实评析、处理决定和要求三个大的部分组成。具体到某种类型，可按照下列模式来写。

1．表彰性通报

表彰性通报的正文可分为四个部分：

首先介绍先进事迹，要写清时间、地点、人物、基本事件过程。表达时使用概括叙述的方式，只要将事实讲清楚即可，不需要绘声绘色地展开描述，篇幅也不宜过长。

其次是分析先进事迹的性质和意义。这部分主要采用议论的方式，但并不要求有严谨的推理，而是在概念清晰的前提下，以判断为主。另外也要注意文字的精练，尤其是涉及评价性的文字，要注意措辞的分寸感和准确性，不能出现过誉或夸饰的现象。

再次写表彰决定，写明是什么会议或什么机构决定，给予表彰对象什么项目的表彰和奖励。

最后提出希望和号召，这是表彰性通报必须要有的结尾部分。希望号召部分表述的是发文的目的，也是全文的思想落脚点，要写得完整、得体，富有逻辑性。

2．批评性通报

批评性通报的正文也可分为四个部分：

首先叙述错误事实或现象。如果是对个人的错误进行处理的通报，这部分要写明犯错误人的基本情况，包括姓名、所在单位、职务等，然后是对错误事实的叙述，要写得简明扼要，完整清晰；如果是对部门、单位的不良现象或普遍存在的某一问题进行通报，这部分内容将占较大的篇幅，可以综合叙述，也可以列举数字，把错误事实的经过情况、时间、地点、后果等交代清晰明了。

其次分析错误性质及其危害。对事故进行分析评议，重在分析事故发生原因，一般写得比较简短，分析得要全面而深刻。

再次写明惩罚决定或治理措施。要写明根据什么规定，经什么会议讨论决定，给予什么处分，治理、纠正的方法措施等。

最后提出希望和要求。在结尾部分，发文机关要对受文单位提出希望要求，以便受文单位能够高度重视、认清性质、汲取教训、采取措施。如果是针对一些违纪比较严重的现象进行通报，结尾部分的措辞还可以更严厉一些，譬如提出继续违反要严惩、要登报公布等警告。

3．情况性通报

情况性通报的正文由三个部分构成：

首先交代通报缘由与目的。开头要首先叙述基本事实，阐明发布通报的根据、目的、原因等。作为开头，文字不宜过长，要综合归纳、要言不烦。

其次叙述有关情况与信息，阐明意义。通常这部分内容较多，篇幅较长，要注意梳理归类，合理安排结构。

最后提出希望与要求。在明确情况的基础上，对受文单位提出一些希望和要求，这部分是全文思想的归结之处，写法因文而异，总的原则是抓住要点，切实可行，简练明白。

（四）落款

通报落款的要求与其他文种一样，在正文的右下方，包括发文机关署名和发文日期两部分。新条例规定不可省略发文机关，同时要加盖印章。发文日期要用阿拉伯数字，年月日都要齐全。

注意事项

一、通报的内容必须典型，不管是哪种类型的通报，都要选取有代表性的典型事例，选择能够引起广泛重视的、能使广大干部群众能从中受到教育和启迪的、有分量、有说服力的事例，真正发挥通报的宣传教育作用。

二、情况性通报和批评性通报的区别：两者的内容很相似，它们的不同之处在于前者侧重于情况的介绍，对于情况性质的分析定性，对于情况的责任人不作具体的处理；而后者除了对错误事实进行分析定性以外，最主要的是要宣布对相关责任人的通报决定，进行具体的处理。

三、通报的语言要平易、朴实。尽管通报以事实为主，又具有一定的报道性，但它毕竟是法定的公文，不是文学作品，因此切忌在通报中使用夸张和过分的渲染，而要冷静客观地陈述事实，公正严肃地做出评价和处理，以体现公文的权威性、严肃性。

选文参考

【选文1】

××市财政局关于
表彰2022年度先进集体和先进个人的通报

局机关各科室、局属各单位：

2022年在市委、市政府的坚强领导和省财政厅的正确指导下，全局上下以习近平新时代中国特色社会主义思想为指导，深入学习贯彻党的二十大精神，深入落实习近平总书记考察湖南和岳阳重要讲话指示批示精神，坚持政治引领，在落实财政各项中心工作、推进"四强"干部队伍建设上取得良好成效，有力推动了财政事业高质量发展，得到市委、市政府、省财政厅和社会各界的充分肯定。

为树立典型、表彰先进，经局党组研究，决定对工作中涌现的办公室等10个先进集体、××等52名先进个人予以通报表彰。

希望受表彰的先进集体和先进个人珍惜荣誉，再创佳绩。同时，号召全局干部以先进为榜样，以党的二十大精神为指引，踔厉奋发，勇毅前行，奋力谱写××市财政工作新篇章！

附件：2022年度先进集体和先进个人名单

××市财政局
2023年2月2日

> **简评** 这是一则表彰性通报。选文事实清楚具体，用词准确简洁。表彰性通报一般来说应该简明扼要地叙述事迹，关键要表明发文机关对先进的态度，赞成什么，学习什么，观点要鲜明，因此篇幅不宜过长，切忌把表彰性通报写成事迹报道或者报告文学，这是实践中的教训。本选文从案例角度引入课程思政元素，号召以先进为榜样，以党的二十大精神为指引，踔厉奋发，勇毅前行，奋力谱写工作新篇章！

【选文2】

国务院办公厅关于督查问责典型案例的通报

各省、自治区、直辖市人民政府，国务院各部委、各直属机构：

为贯彻落实党中央、国务院关于加强督促检查、严肃责任追究的决策部署，根据李克强总理关于严厉整肃庸政懒政怠政行为的重要指示批示精神，2017年2月至5月，国务院办公厅会同监察部等有关部门，对国务院第三次大督查、审计署跟踪审计及部门专项督查发现的中央预算内投资项目进展迟缓、财政资金闲置沉淀、涉企乱收费、落实"放管服"改革政策不到位、公租房大量空置、医保基金管理使用不到位以及套取挪用侵占保障性住房资金、扶贫资金等方面突出问题，组织开展了核查问责工作。各有关地方和部门经认真核查，依法依规对117个问题涉及的1089人进行了问责和处理。为进一步严肃纪律，发挥负面典型的警示教育作用，经国务院同意，现将其中16个典型案例通报如下：

一、北京市工程建设质量管理协会涉企乱收费问题。略

二、河北省唐山市3个中央预算内投资项目严重拖期问题。略

三、山西省方山县1个中央预算内投资项目严重拖期问题。略

……

以上16个典型案例说明，一些地方和单位在贯彻落实党中央、国务院决策部署中存在有令不行、有禁不止情况，少数干部漠视群众利益，在工作中虚作为、慢作为、不作为、乱作为。这些问题严重影响了政策效力和改革红利充分释放，严重损害了人民群众利益，严重损害了党和政府的公信力。对庸政懒政怠政突出问题进行严肃处理，依法依规对相关责任人予以严肃问责，充分体现了党中央、国务院维护政令畅通、狠抓贯彻落实的坚定决心。各级政府及其工作人员要从中深刻汲取教训，举一反三，引以为戒。

当前，我国正处于全面建成小康社会决胜阶段、新旧动能转换和经济结构升级的关键时期，改革发展稳定任务艰巨繁重。各地区、各部门要牢固树立政治意识、大局意识、核心意识、看齐意识，自觉同以习近平同志为核心的党中央保持高度一致，坚决维护党中央权威，服从党中央的集中统一领导，有令必行、有禁必止。要把确保党和国家方针政策贯彻落实作为重要政治纪律，对党中央、国务院重大决策部署，必须不折不扣坚决贯彻执行，绝不允许阳奉阴违、做选择、搞变通。要建立健全常态化督查机制，严格落实工作责任，层层传导责任压力，以钉钉子精神狠抓工作落实，切实发挥督查抓落实、促发展的"利器"作用，确保党中央、国务院重大决策部署落地生效。要加大督查问责力度，严厉整肃庸政懒政怠政行为。对执行政策不力、工作落实不到位的，坚决纠正，督促整改；对失职渎职、造成严重后果的，严肃追责，绝不迁就。要坚持以奖惩并举促勤政有为，进一步完善督查激励机制和容错纠错机制，广泛调动和激发各方面的积极性主动性创造性，推动形成干事创业、竞相发展的良好局面，促进经济平稳健康发展和社会和谐稳定，以优异成绩迎接党的十九大胜利召开。

国务院办公厅
2017年6月8日

（此件公开发布）

（选自国务院官网）

简评 这是一则批评性的通报。标题部分开宗明义，概括了整个事件。正文部分先是用简练的语言叙述了这16起事件的前因后果，接着以议论的语言，论述事件所造成的恶劣影响，深入具体地剖析问题的实质，发人深省，引人深思，这是写作批评性通报的关键，也是其突出的特色。最后，通报再次重申对此类事件的态度，引起人们的警戒，杜绝此类事情的再次发生。批评性的通报要求事实清楚，定性准确，特别是从中汲取的教训入情入理，切中时弊，对改正措施还应该有原则性的指导意见。

学而思

一、完成"任务导入"部分的写作内容。

二、某大学计算机系的张明同学在期末英语考试中作弊，无视监考老师的劝阻，并对老师出言不逊，被学校处以记过处分。请根据以上事件拟写一份批评性通报，要求格式规范、内容充实、用语简洁、把握分寸。

学而思
参考答案

任务11

我的态度，我的立场
——声明

教学目标

知识目标
1. 掌握声明的概念，了解其特点和种类
2. 掌握声明的写作方法和技巧

能力目标
1. 能够根据现实需要，写作符合规范的声明
2. 能够形成辩证看待问题的能力，合理地分析所撰写声明的优缺点
3. 能够根据要求对所撰写声明提出合理的改进意见与方案

素质目标
1. 使学生通过规范化的写作树立规范意识、规则意识
2. 培养学生团结协作、敢于担责、爱岗敬业的职业道德
3. 培养学生的法制意识、维权意识

任务导入

××商贸有限公司接到群众举报，有人冒用公司名义，在全国各地销售假冒伪劣茶叶，已经严重侵犯了公司的合法权益，给公司形象造成了恶劣影响。公司经理把这个事情交由陈小刚去妥善处理。陈小刚联系了本市律师事务所张××律师，联合发布了一则严正声明，来表明公司的态度和立场。

知识百宝箱

一 文种介绍

（一）声明的概念

声明即公开申诉、说明。声明是就某项重要事情或为保护自身的权益不受侵犯而公开表明自己的观点、态度或说明事实真相的应用文。它也是告启类文书的一种，通常用于比较重要、严肃的事情。

国家和政党的领导机关及其领导人、其他各类机关、企事业单位、社会团体或个人均可发表声明。声明可以在报刊登载，也可以通过广播、电视等发布，还可以进行张贴。

（二）声明的特点

公开性　　声明和启事都属于告启类的文书，所以，面向公众、公开发布是它们的基本特点。声明可张贴，可刊登，还可利用广播、电视、网络等各种媒体进行传播，它的读者就是社会公众，公开性是它的首要特点。

警示性　　声明是自己的合法权益受到了侵犯，所以面向公众来公开表明自己的观点、态度，警告或者要求侵权者停止侵害，所以行文时，语气严肃庄重，以起到警告、警示他人，维护自己合法权益的目的。

客观性　　发布声明的时候要对相关事项或问题进行事实披露或澄清，要求站在客观立场上表明自己的态度和立场，而不能违背国家法律相关规定而对侵权者进行制裁。要保持理性的态度，以事实为依据，以法律为准绳，来维护自己的合法权益。

（三）声明的种类

声明可分为两类。

1. 为保障合法权益的声明

社会团体或个人为保护合法利益不受损害或侵犯，需要公开发布声明；合法权益已经受到损害或侵犯，为维护自己的权益，消除不良影响，让侵权者停止侵害行为，也需要向社会发布声明，如委托授权声明、表明态度的声明。

2. 遗失声明

社会团体或个人遗失了某些对公众活动有影响的重要凭证或证明文件，如学生证、身份证等证件、公章、支票等，为防止他人冒用而发布的声明，如《遗失声明》。

二 文种写作技巧和方法

声明包括标题、正文和落款三部分。

（一）标题

声明的标题要醒目，写法与启事类似，通常有以下几种：

以文种为标题，如《声明》。有的在"声明"前加"郑重"或"严正"的字样，以示严肃的态度。

事由+文种，如《版权声明》《关于××问题的声明》等。

单位名称+事由+文种，如《××研究所关于授权×××律师为常年法律顾问的声明》。

（二）正文

要简明扼要地说明发布声明的原因和有关事情的真相，表明自己的立场、态度和观点，并提出要求。在写作上，正文可采取段落式的写法，即以一段文字陈述有关事项和要求；当涉及内容较多，需分条列项进行说明时，则要采取条款式的结构。

正文之后可以写上"特此声明"作为结束语。

（三）落款

在正文的右下方要写明发布声明者的名称和发布时间。如果是机关单位发布的声明，还应加盖公章。有的声明必须署名以示严肃郑重，如"断交声明"；有的声明无须署名，因其不言自明，如"遗失声明""作废声明"。因为声明要在报刊上刊登或在广播、电视上发布，所以有的声明不写发布时间。

注意事项

一、声明与启事的性质和特点大致相同，都是将某项事情公布于众。但两者也有明显的不同：第一，声明的事项通常比启事的事项重要；第二，声明对公众只起告之的作用，而启事则有求助公众给予帮助的内涵；第三，声明态度严肃，措辞比较强硬，而启事态度平易，语气比较谦和。

二、只有在相关事情重要、严肃且必须向公众表明立场和态度时才可使用声明这种文体。写作声明要以事实为依据，态度要认真，语言要严肃。

三、声明对侵权者只能警告或要求其停止侵害，不能表示拥有制裁侵权者的权利。文中可以使用"××公司的行为概与本集团无关，本集团不承担任何法律责任""本公司将保留追究其法律责任的权利"的语句，但如果在声明中出现了"自本声明发布之日起，如侵权行为继续发生，本单位必将对侵权者依法严惩"的语句，则属用语不当，因为依法制裁是司法、行政机关的职权，被侵权者只能依法起诉侵权者，而无权对其进行制裁。

选文参考

【选文1】

关于冒用中国消费者协会名义进行诈骗的声明

近期，有不法分子冒用我会和我会工作人员名义，以退还相关教育培训课程费用为由，通过诱导消费者扫描二维码加入QQ群、下载非法App、诱骗消费者购买假冒"国库券"等方式进行诈骗活动。该行为严重侵犯中国消费者协会名称权和商标权等合法权益，严重侵犯消费者财产安全，已涉嫌犯罪。

在此，中国消费者协会严正声明：

一、我会依照法定程序和规则处理消费者投诉并依法维护消费者权益，我会工作人员不会通过私下建群、要求下载App或小程序以及收费或者要求消费者购买产品等方式处理消费纠纷。

二、我会是依法成立的对商品和服务进行社会监督的保护消费者合法权益的公益性社会组织。我会不从事商品经营和营利性服务，不收取费用或者以其他谋取利益的方式向消费者推荐商品和服务。除全国消协组织开展公益活动外，我会从未授权或许可其他任何自然人、法人或者其他组织以任何形式使用"中国消费者协会"的名称和标志。

三、任何未经我会授权或许可使用"中国消费者协会"名称和商标的行为，均构成侵权，由此产生的一切法律后果和责任均由侵权人承担。我会保留通过法律途径依法追究相关侵权人法律责任的权利。

四、请广大消费者对任何以退费等为由要求消费者再次付费或购买相关产品的行为提高警惕，严防上当受骗。如遇类似事件要及时向所在地公安机关报案。

中国消费者协会
2023年1月18日

> **简评** 保护权益声明是就权益归属、使用等相关问题公开表示态度，如若违法，将承担相应的法律责任。选文很有典型性：首先说明发布声明的原因，明确指出侵权违法行为；其次严正表明自己的态度：坚决维护协会的合法权益和信誉，坚决反对诈骗活动、冒用名称和商标的侵权行为，保留追究侵权者法律责任的权利。内容准确，格式规范，措辞得体。

【选文2】

中央广播电视总台2023年春节联欢晚会版权声明

癸卯兔年春节临近，中央广播电视总台（下称"总台"）正在紧锣密鼓筹备制作2023年春节联欢晚会（下称"2023年春晚"）。总台是其制作、播出的2023年春晚及历年春晚的著作权人，拥有在全世界范围内将前述总台春晚节目以各种商业和非商业目的许可相关机构或个人使用的专有权利。

未经总台正式授权，任何机构或个人不得通过广播电视、互联网、移动通讯网、IPTV、互联网电视、移动媒体电视、各类应用软件及其他任何音视频传播技术或平台，以直播、延播、点播、轮播、回看、下载、剧场院线播放、公共场所播放等任何方式使用总台2023年春晚及历年春晚的音视频节目内容、广播电视信号或任何相关素材。

各依法获权使用总台2023年春晚及历年春晚的机构和个人，应当按约定规范使用，标注"中央广播电视总台版权所有"并注明来源，保持节目内容和/或画面完整，保留节目和/或画面中的总台相关标识。

自本声明发布之日起，总台将针对前述总台春晚节目加大监控和维权力度，依法采取有效措施，打击任何侵犯总台合法权益的行为。

中央广播电视总台
2023年1月18日

> **简评** 选文很有典型性。声明的写作和启事的写作都是面向公众的，但是它们的写作又有不同：声明是面向大众来表明自己的立场和态度，撰写声明要以

> 事实为依据，态度要认真，语言要严肃；而启事是诉诸大众请求支持帮助，因此语言更为客套婉转一些，态度也更加谦和一些。可以将两个文种做对比来体会两个文种写作时语体风格的不同。

【选文3】

遗失声明

  某人遗失第二代居民身份证，证号36××××××××××××××××，自本声明发布日起所有与本身份证有关事情概与本人无关。

  特此声明！

××
2023年8月3日

> **简评** 这是一则遗失声明，这一类声明的正文很简单，简单几句交代清楚即可。发布致歉或者遗失相关内容，可以用声明，也可以用启事。

 学而思

  一、完成"任务导入"部分的写作内容。

  二、假如你是××公司的财务会计，不慎遗失了单位一张支票，请你拟写一份适合在报纸上刊登的声明。

学而思
参考答案

任务12

家事国事天下事事事关心
——消息

教学目标

知识目标
1. 了解消息的特点和要素
2. 掌握消息的倒金字塔结构
3. 熟练掌握消息导语的写法和作用

能力目标
1. 能够运用消息知识分析消息的结构
2. 能够根据实际情况，运用相关的知识，写出消息的标题和导语
3. 能够充分利用网络资源，收集和处理各种信息，形成消息进行报道

素质目标
1. 培养和训练学生的团队协作意识和精神
2. 培养学生诚实守信，做事讲求原则的品格
3. 培养学生爱岗敬业的工作态度和不断进取的职业操守
4. 培养和激发学生的爱国热情和民族自豪感，增强文化自信

任务导入

经过几个月来的积极筹备，首届××牌茶叶推介会各项准备工作已就绪。12月18日，××牌茶叶推介会如期成功地举办。活动现场热闹非凡，各大茶叶企业负责人、行业精英人士应邀出席推介会活动，公司工作人员现场虚心接受和解答客户提出的建议和意见。

此次产品推介会，充分达到了推广产品、扩大知名度的目的，并与客户建立了广泛而友好的联系，加强了与社会各界同行的交流与合作。为了扩大影响，××商贸有限公司决定对此次的产品推介会进行相关新闻报道，请你帮陈小刚来撰写这篇消息报道吧！

知识百宝箱

一 文种介绍

（一）消息的概念

一般来说，消息是新闻的一种。

新闻是对新近发生或发现的有社会意义的能引起广泛兴趣的事实的报道，是报纸、电视、网络、广播等媒体中常见的报道体裁。

新闻有广义和狭义之分，广义的新闻包括消息、通讯、新闻评论、报告文学、调查报告等报刊常用文体，因为这些文体都具有新闻的特性。狭义的新闻专指消息。

消息是指用最简要和迅速的手段，报道最近发生的、有社会意义、能引起公众兴趣的事件的一种新闻宣传文体。消息是新闻中最基本、使用量最大的文体。

（二）消息的特点

通过消息的概念，不难发现，消息的特点可以用"实、新、快、短"四个字来概括。

实 即真实性，指内容真实可信。真实是消息写作的基本原则，也是消息的生命和力量之源。事实是消息的本源和基础，消息就是通过报道事实来传播信息、阐明观点、启迪思想的，如果报道脱离事实或者是虚假捏造的，那么消息就不称其为消息了。

真实一方面是指事实真实，所写的人物、时间、地点、事件的经过、细节以及背景、相关知识、引用数字等必须准确无误，不能夸张虚构；另一方面是指阐释客观，消息报道后往往会产生一定的社会舆论，为保证社会舆论的正确导向，报道者对事实的说明或解释要客观，要符合事件的本来面目，不能因个人的观点和情感而误导读者。

新 即新鲜性，指内容新鲜。新闻贵在一个"新"字，也强调一个"新"字，所以消息报道的事实必须是新鲜的，是新近发生或发现的社会的各种情况，如新人、新事、新发展、新问题、新经验、新趋势等。消息只有新鲜，才能引起读者的阅读兴趣，一旦失去了新鲜性，消息也就失去了存在的意义。

但消息的写作不能为"新"而猎奇，那种"狗咬人不是新闻，人咬狗才是新闻"的观点是不可取的。因此，消息还要有一定的认识意义，要选择有价值的事实，把那些能够对读者的人生观、道德观、价值观起正面积极引导作用和能够对自然、社会、科学等形成正确认识的事实报道给读者。

快

即时效性，指报道迅速及时。"快""迅速"是消息报道的传统，消息报道速度迟缓会降低消息的价值，因此消息必须注重时效性，做到快发现、快采访、快写作、快发表。今天，在发达的网络基础上，"快"的传统更是被发挥得淋漓尽致。

消息的时效性与新鲜性是相辅相成的。对于新鲜的事实，不仅要敏锐地发现和捕捉，还要能在第一时间进行迅速及时的报道。事实发生与传播之间的时间差越小，消息就越新、越有价值，如果迟延滞后，"新闻"就成了"旧闻"，消息也就失去了它的价值。

短

即简短性，指篇幅简短精粹。简短是消息区别于其他新闻文体的显著特点。所谓简短，就是用简洁精练的语言，讲明事实，显出精神，做到概括而不抽象，简短而无所疏漏。内容精练、篇幅短小是消息写作的基本要求。消息多则几百字、几千字，少则百余字、几十字，甚至可以浓缩为一句话。

消息的这个特点与社会生活息息相关。一方面，新闻媒介的容量是有限的，要传播尽可能多的信息，在写作消息时只能力求篇幅短小精悍；另一方面，阅读短消息不仅能节省读者的时间，还可以让读者在较短的时间内了解更多的信息。

（三）消息的种类

消息的种类很多，按照不同的标准可以划分出不同的类型。比较通行的是根据消息的内容和特点划分为以下四类。

1. 动态消息

也称动态新闻，它是迅速及时地报道社会生活中最新发生的事件和事物发展的最新动态的新闻形式，是消息中最常见的一种。其特点是以报道单一事实为主，对新闻事实的反应迅速快捷，篇幅短小，行文简洁。

2．综合消息

也称综合新闻，它是将发生在不同地区、不同部门、不同行业中的各具特点又有共性的事件综合起来，围绕一个中心进行报道的新闻形式。其特点是报道面宽，综合性强，可以多侧面、多角度以至全方位地反映重大新闻事件。它的时效性不如动态新闻强。

3．经验消息

也称经验新闻、典型报道，它是对某一部门或某一单位取得的成功经验进行比较系统、全面报道的新闻形式。经验消息的作用是树立典型，指导一般，带动全局。它侧重于介绍典型人物、典型事件以及成功的具体做法，从具体事实中反映经验和规律。它的篇幅一般较长。

4．述评消息

也称新闻述评、记者述评，它是以夹叙夹议、边述边评的方式对事件进行报道的新闻形式，是一种介于消息与评论之间的文体。它一般以事实报道为基础，在叙述新闻事实的同时，进行有针对性的评述和议论，表明作者的观点、态度和立场。

■ 文种写作技巧和方法

一般而言，消息由标题、导语、主体、背景和结尾五个部分构成，它们也形成了消息的习惯格式。

（一）标题

标题被称为"新闻的眼睛"，是消息的重要组成部分，是消息内容的基本概括或主要精神。标题有着向读者推荐的作用，好的标题可以对读者产生强烈的吸引力，更可以使消息本身增色不少，所以标题的确定非常重要。消息标题的形式有单标题、双标题和三标题。

1．单标题

单标题也叫主题、正题，即只用一个标题概括消息的主要内容，是标题中的主要部分，用以提示新闻的主要内容。例如：

今年网上求职秘书最热　　200多人抢一个职位

东南亚发生地震海啸　　死亡人数超过2.4万

2．双标题

即标题由引题+正题或者正题+副题组成。正题也称主题、本题，是消息标题的主体，用来概括消息的主要内容或主要精神。引题也称肩题、眉题，位于正题之上，起交代背景、引入导入、烘托气氛的作用。副题也称辅题、子题，位于正题之下，起补充说明正题的作用。

书也丢，鞋也丢，满屋垃圾任它留（引题）

离校毕业生乱扔东西令人担忧（正题）

再比如：

谁能告诉我：是对还是错？（引题）

一中学生拾金不昧受嘲讽（正题）

七万人进场考公务员（正题）

今年面试成绩由考官当场公布（副题）

再比如：

蒲松龄作品在美被侵权百年（正题）

众多学者携手讨还公道（副题）

3．三标题

三标题形式就是引题、正题、副题俱全。例如：

习近平对政法工作作出重要指示强调（引题）

坚持改革创新发扬斗争精神 奋力推进政法工作现代化（正题）

在"中国人民警察节"到来之际向全国人民警察致以节日祝贺和慰问（副题）

（《人民日报》2023年01月09日）

习近平对深入开展学雷锋活动作出重要指示强调（引题）

深刻把握雷锋精神的时代内涵

让雷锋精神在新时代绽放更加璀璨的光芒（正题）

蔡奇出席座谈会并讲话（副题）

（新华网2023年2月23日）

消息的标题必须简明准确、新颖醒目，在吸引读者的同时也能让读者了解消息的内容。具体采用哪一种形式，则要根据报道的内容和需要来设计。

（二）导语

导语前面往往会冠以"××社××地×月×日电""本报讯"的字样，这是消息头。消息头是表明消息来源的文字，也是版权所有的标志，通常由通讯社的名称、发电地点、时间及方式、记者姓名等内容组成。消息头有"电"和"讯"两类。"电"表示通过电报、电话、电传、电子邮件等方式向报社传递的新闻稿件，如"新华社成都5月13日电"；"讯"表示通过邮寄或书面递交的方式向报社传递的新闻稿件，如"本报济南10月18日讯"。消息头可以使读者容易将消息与其他新闻体裁区别开来。

消息头之后紧跟着的便是导语。导语是消息开头的第一句话或第一个自然段，它用最精粹的文字，简明扼要地将消息中最重要、最新鲜、最有价值的事实表述出来。

导语是消息中最重要的组成部分，也是消息区别于其他新闻体裁的一个重要标志。

六要素说。新闻写作有六要素之说，即：When（何时）、Where（何地）、Who（何人）、What（何事）、Why（何故）、How（如何），这就是说，一则消息所报道的内容要具备这六项要素。比如：

北京时间11月29日晚，我国申报的"中国传统制茶技艺及其相关习俗"在摩洛哥拉巴特召开的联合国教科文组织保护非物质文化遗产政府间委员会第十七届常会上通过评审，列入联合国教科文组织人类非物质文化遗产代表作名录。至此，我国共有43个项目列入联合国教科文组织非物质文化遗产名录、名册，居世界第一。

六要素分别交代了主体（Who，谁）、时间（When，什么时候）、地点（Where，哪个地方）、事件（What，发生了什么）、原因（Why，为什么发生）、影响（How，事后怎么样）。一个完整的事件，交代了这六个要素，那么，就基本上了解了事件的前因后果和来龙去脉。

六要素俱全是消息写作的一个基本要求，但不能僵化运用六要素的说法。消息报道的内容要根据叙述对象和表述主题的需要确定，并非每一则新闻都必须有完整的六要素，因此，部分消息的导语部分往往省略时间要素或者原因要素等。

导语常见的写法有四种。

1. 叙述式

即用概述或摘要的方法直接叙述新闻事实，这种导语开门见山，简洁明了，概括性强，能突出消息的主要内容，是消息中最常用的导语写法。例如：

本报北京2月10日电（记者刘诗瑶、余建斌）据中国载人航天工程办公室消息，北京时间2023年2月10日00时16分，经过约7小时的出舱活动，神舟十五号航天员费俊龙、邓清明、张陆密切协同，圆满完成出舱活动全部既定任务。目前，费俊龙、张陆已安全返回问天实验舱，出舱活动取得圆满成功。

2. 描写式

即对消息的主要事实、形象或某一有意义的侧面作简洁生动而又富有特色的描写，以酝成气氛，烘托主题，突出报道事实的特点。例如：

旭日东升，春日的辽宁抚顺暖了起来。晨光透过玻璃窗，洒进中国工商银行抚顺雷锋支行的营业大厅内，25名工作人员集合完毕，齐声唱响熟悉的歌曲："学习雷锋好榜样，忠于革命忠于党……"

（人民日报2023年3月15日）

3. 提问式

即根据消息的主要内容归纳出警醒的、引人瞩目的问题，以疑问句式鲜明地提出来，然后通过对新闻事实的叙述或评论做出回答。提问式导语容易引起读者的思考和关注。例如：

办企业为了什么——是追求最大效益，还是追求最高产量。

（第六届中国新闻奖二等奖消息作品《武钢转变经营战略》）

4．评议式

即在叙述的基础上对事实进行评述或议论，或在叙述后引入议论，或从议论事实入手，或叙议结合，提示事实的性质和作用，旨在突出事实的意义和价值。例如：

筑梦冰雪，同向未来。2022年2月4日晚，举世瞩目的北京第二十四届冬季奥林匹克运动会开幕式在国家体育场隆重举行。国家主席习近平出席开幕式并宣布本届冬奥会开幕。中华文明与奥林匹克运动再度携手，奏响全人类团结、和平、友谊的华美乐章。

（人民日报2022年2月5日）

导语除了以上四种写法外，还有对比式、背景式、引语式、谈话式等多种写法。导语的形式是由报道的内容和目的决定的，能否吸引读者及能否简练准确地表现新闻事实是写好导语的关键。

（三）主体

主体是消息的主干部分，它紧接导语之后，用充分具体的事实材料对导语中叙述的新闻事实作具体全面的阐述，进一步突出消息的中心，表现消息的主题思想。

主体的结构方式有三种。

1．按照时间顺序安排层次

即按照新闻事实发生、发展的先后顺序安排结构，可以由远及近，也可以由近及远。这种方式可以完整地表现事实的来龙去脉。重大事件消息、社会新闻、特写新闻和故事性较强的消息多采用此种结构方式。

2．按照逻辑顺序安排层次

即按照事物之间的内在联系或逻辑关系（主次、因果、并列关系等）安排结构。这种方式可以反映新闻事实的本质，深化报道的主题。动态消息、经验消息、综合消息、述评消息皆可采用此种结构方式。

3．将时间顺序和逻辑顺序结合起来安排结构

这种方式既可以把新闻事实叙述得条理清晰，又可以把报道内容分析得深入透彻。内容较复杂的动态消息、经验消息多采用此种结构方式。

主体部分的写作要承接导语、紧扣主题，要内容充实、材料典型，要结构严谨、层次清楚，要叙述具体、语言简洁。

（四）背景

一般认为，消息的背景是指新闻事实产生的相关的历史和环境。任何消息的产生

都离不开特定的历史条件和环境，消息要正确地反映客观事实，常常需要交代新闻事实发生的背景。写作消息时恰当地交代背景，可以充实新闻内容，烘托新闻主题，充分发挥消息的新闻价值。背景材料是消息的从属部分，不宜过于渲染而淹没了消息的主体事实。

消息的背景材料主要有以下三种：

① 对比性材料。它是与新闻事实有着正反或对比关系的材料，通过比较突出新闻事实的意义和价值。

② 说明性材料。它是与新闻事实有关的历史背景、社会环境、地理环境、经济条件等情况的材料，可以加深读者对消息内容、意义的认识和理解。

③ 注释性材料。它是对新闻事实所涉及的不易理解的内容（如概念、术语、科技知识等）进行评注或解释的材料，可以使读者更好地理解消息中的相关内容，增强消息的知识性和趣味性。

背景材料没有固定的位置，一般穿插在消息的主体部分，有时也会出现在导语或结尾当中。它可以单独成段，也可以融合到其他叙述中去。

（五）结尾

结尾是消息的最后一句话或一段文字。它是消息的最后一个部分，但不是必备的部分。消息的主体部分已经把事实叙述完毕就可以自然结束，所以消息的最后一部分不一定都称得上是结尾。

消息的结尾常与导语呼应，起着收束全篇、升华主题的作用。结尾的方式有小结式、启发式、引语式、意义式、展望式等。

消息的"倒金字塔"结构。它指的是消息内容的安排次序问题，从标题到结尾，材料安排顺序，自上而下，依次为内容上由主（重要）而次，信息量逐步减弱，价值逐渐减小；时间上由近（眼前）而远，逐渐陈旧。这种结构形式把最重要的新闻事实放在最前面，然后按照事实的重要性递减的顺序，依次安排事实材料。倒金字塔结构形式是消息写作的惯用格式，既便于写稿和编辑，也便于读者阅读，所以在消息的写作中一直占据着主导地位。

当然，倒金字塔结构不是消息写作的唯一结构形式，其他还有金字塔结构、倒金字塔和金字塔结合式结构、对比式结构、自由式结构等。消息的结构形式适应消息内容的丰富性，而力求多样，不断创新。

注意事项

一、事实要准确

消息是通过事实来说明问题、阐述观点、形成舆论的，要求报道真人真事，反映事实真相，而新闻价值的大小也取决于事实本身的分量，所以报道的事实必须准确。

二、选材要典型

在消息的写作中，要选取那些最能体现事实的本质和意义的典型材料，选取那些能给读者以启发和思考、易于形成正确舆论导向的典型信息。只有以典型材料为基础，消息才能富于新闻价值。

三、采写要及时

消息注重时效性，所以报道要快捷迅速。但"快"的前提是及时采写，因此，要有善于发现新闻的敏感度，对新鲜的事实要能迅速地采编写作。

四、叙述要简练

消息的篇幅往往短小精悍，这就要求在叙述事实时必须做到简明扼要、清晰明了。消息的内容包括时间、地点、人物、事情、原因、经过等诸多要素，要将它们有条不紊地浓缩在一起，靠的就是简洁的文字和简练的叙述。

选文参考

【选文1】

西安一中学生发现（引题）

有一种虫子可以吃塑料并能消化（正题）

这一发现有望于解决白色污染（副题）

虫子也可以吃塑料而且还能消化。西安市第八中学学生陈重光在平常的生活中细心观察，有了一个不简单的发现。它的发现作为科技成果最近在省市和全国连续获得大奖。

西安市第八中学高三学生陈重光家里为饲喂小鸡而养着黄粉虫。她无意间发现铺在虫盒里的泡沫塑料上有细小的啃咬痕迹，是黄粉虫在吃塑料吗？陈重光在当生物教师的父亲支持下，开始留心观察。她把黄粉虫分为对照组和试验组，对照组喂麦麸和菜叶，试验组逐渐加喂泡沫塑料餐盒片。她发现虫子确实在吃塑料餐盒，通过称量还证明虫子体重在增加。

虫子吃塑料能消化得了吗？她又对虫粪做静电、燃烧、浸水等试验，结果表明虫粪不产生静电吸附、不可燃烧、不漂浮并能产生腐败臭味，证明虫粪中塑料成分已变得极少。经过一年多时间的试验，她得出结论：黄粉虫可以噬食有机塑料并能消化吸收，吸收塑料后可以正常生长并繁殖，黄粉虫体内存在着可以消化有机塑料的活性物质，还可发展和强化。

这一发现在省市青少年科技创新大赛中获得一等奖，在全国第18届科技创新大赛中获得二等奖，最近又参加全国小小科学家大赛。陈重光设想可以进一步利用这一发现解决白色污染。目前她在继续做更深入的探索。

> **简评** 这则消息篇幅短小，标题清晰明了地点明了本篇报道的最大看点。全文四个自然段，导语部分说明报道的主要内容，主体部分则用精练的语言展开内容的细节部分，交代这一发现的过程，结尾部分则表明了事后影响。整篇报道文字简洁，毫不啰嗦。

一、根据下列材料写一则消息。

精明的日本人发现在一些缺水的阿拉伯国家水比油还贵，于是他们就在水上大做文章。

学而思
参考答案

经过反复研究，日本人找到一种比出口淡化海水更简单、更省钱的方法：出口雨水。从多雨的日本海接来雨水，用轮船运到阿拉伯国家，多种费用加在一起，每吨不到1美元，赚头可观。第一个接受这种特殊商品的是阿拉伯联合酋长国，这个国家计划每年进口2000万吨雨水用来灌溉和开垦土地，种植农作物。

为了保证出口雨水的质量，防止污染，日本三菱公司还专门成立出口雨水的专业公司。日本专家还研究出了一种清除轮船内石油废渣的方法，利用油轮运载雨水，往返不空驶，大大地降低了雨水的成本，增加了外汇的收入。

二、本报烟台10月22日讯（通讯员 路明）一名长途客车司机，在突然接到车上可能有两名杀人在逃嫌疑犯的通报时，沉着机智地向公安人员巧递暗语联络，终于配合警方将两名歹徒抓获。昨日，这名司机受到烟台市芝罘警方的表彰。

（以下报道两名嫌疑犯被抓过程）

请根据消息的导语内容拟定消息的标题，分别采用单标题、双标题或者三标题三种不同形式来拟写。

任务13

回顾过去，展望未来
——总结

教学目标

知识目标
1. 掌握总结的概念，了解通知的特点和种类
2. 掌握总结标题的写作形式
3. 掌握总结正文的写作内容和结构方式
4. 理解计划与总结的关系

能力目标
1. 能够写作符合规范的总结
2. 能够形成良好的综合分析能力和辩证看待问题的能力
3. 能够形成良好的团队合作能力

素质目标
1. 使学生养成立足当下、面向未来的职业前瞻性
2. 使学生通过规范化的写作树立规范意识、规则意识
3. 培养学生团结协作、敢于担责、爱岗敬业的职业道德
4. 培养学生敢于检讨自我、不断进取向上的积极人生观

任务导入

临近年底，××商贸有限公司管理层人员召开碰头会，对一年的工作进行了细致的梳理。经认真讨论，决定从以下五个方面对一年的工作进行总结：第一，市场开拓工作取得重大进展；第二，销售业绩稳步提升；第三，企业宣传成效显著，提升了公司的品牌影响力；第四，公司内部管理走上更加规范的运行轨道；第五，明年工作的重点和方向。请为公司拟制一份年度工作总结，以备公司领导在年终工作总结大会上向全体员工汇报。你来帮帮陈小刚撰拟这份总结吧！

知识百宝箱

一、文种介绍

（一）总结的概念

总结是机关、团体、企事业单位或个人对自己前一阶段一定时期的某项工作或任务进行回顾检查和分析研究，从中找出经验教训和规律性认识，做出有指导性结论的一种应用文体。从认识的发展过程来看，总结是感性认识向理性认识的升华，是对事物的现象与变化的过程作规律性的揭示。从这个意义上说，总结就是实践的本质的概括，它体现了认识发展的规律。

（二）总结的特点

实践性　总结首先要回顾实践或工作的全过程。自身的实践、工作中的典型事例和确凿数据是一篇总结得出正确结论的基础。总结中的观点必须是从自身实践中抽象出来的规律性认识，没有实践，总结就无从下手，因此实践性是总结的根本属性。

客观性　总结是针对本组织或个人所订计划的总结，应该以客观事实为依据，从客观事实出发，而非从个人的主观好恶出发，真实、客观地对所作工作进行评价和分析，从中寻找经验和教训。总结的客观性要求我们要以实事求是的态度审视所做的工作，不夸大成绩，不隐瞒错误，不允许虚构和编造，只有这样才能真正写好总结。

说理性　总结的过程，就是认识从感性上升为理性的过程。能否进行理性分析、寻找出规律性的认识，是衡量一篇总结写得好坏的重要标准。没有理论的概括，文章就缺乏深度。在事实基础上，而不停留在事实的表面，寻找出规律，并且用以指导今后的工作，这就是总结的实质。

典型性　写总结不能事无巨细、不分主次地什么都写，而是在照应全局的基础上，善于选用典型材料，突出典型事例和典型人物。典型材料是最具有代表性、最有说服力、最能反映问题本质的，可以使整篇文章熠熠生辉；缺少典型，文章也就缺少了亮点。这就要求执笔者要搜集、选取最生动、最有说服力的典型材料，从中找到事物发展的规律性。

(三)总结的分类

根据不同的分类标准,可将总结分为以下不同的类型。

1. 按内容分

可分为工作总结、生产总结、学习总结、思想总结等。

2. 按范围分

可分为部门总结、单位总结、个人总结。

3. 按时间分

可分为年度总结、季度总结、月份总结、阶段总结等。

4. 按性质分

可分为专题总结和综合总结。

综合总结是一个单位、一个部门对某个时期内所做的各方面工作进行综合性分析、总结,包括工作情况概括、成绩和经验、缺点与教训等。综合总结并不等于面面俱到,包罗万象,而是要根据主题的需要有所侧重。

专题总结是选取工作中的某个方面、某些成绩、某种经验、某种问题进行深入的阐述的总结。往往偏重于总结工作中的某些突出成绩或典型经验,以点带面,加以推广。它比综合总结使用更广,针对性更强。要求集中一点,突出特色,注重深度,针对性强。

二 文种写作技巧和方法

总结一般由标题、正文、落款三部分组成。

(一)标题

总结的标题的形式主要有以下两种。

1. 公文式标题

由单位、时限、内容、文种构成,也可以根据具体情况省略其中的某一个要素。这种标题多用于综合性总结。例如:

单位+时限+内容+文种,如《××市税务局2023年税收工作总结》。

时限+内容+文种,如《2023年招生工作总结》。

单位+内容+文种,如《××大学关于初级技术职称评定工作的总结》。

内容+文种,如《教学工作总结》。

2. 文章式标题

即概括文章的内容或基本观点的标题。标题中不出现文种"总结"两字。这种标题一般用于经验性、专题性总结。文章式标题分为单行标题和双行标题两种。

单行标题,如《股份制使企业走上成功之路》。

双行标题，这种标题的正题揭示主题或概括经验体会，副题标明单位、时限、事由和文种等，如《加速技术改造，完善宏观调控——正确处理技术改造中的七个关系》。

（二）正文

正文由开头、主体和结尾三部分组成。

1. 开头

也叫前言。要求概述基本情况，通常用概括性的文字把总结的时间范围、工作背景、内容、工作任务及工作的指导思想和目的等作必要的说明。一般是交代在什么形势下，遵循什么思想或方针完成的，有哪些主要成绩，存在哪些主要问题。介绍时要有所侧重，或重在单位基本情况，或重在指出成绩。不论哪一种形式，前言都要开门见山，简明扼要，紧扣中心，统领全文，有吸引力。

2. 主体

主体一般有以下三个方面的内容：

（1）基本做法、成绩和经验。多数总结把这部分内容作为重点，即要写明在什么思想指导下，做了哪些工作，采取了哪些措施，取得了哪些成绩，其主客观原因是什么，有哪些体会等。成绩、做法是基础材料，经验、体会是重点。要点面结合，重点突出，数据具体，具有较强的说服力。切忌面面俱到，不分主次，或者写成流水账。

（2）问题与教训。要求以一分为二的观点看问题，写出工作中存在的问题与不足，并分析其主客观原因及由此得出的教训等。不同的总结，可以有不同的侧重。如果是着重反映问题的总结，就要把这部分作为重点来写；如果是典型经验总结，或者工作中确无大的失误，这部分就不必写，或可以把这部分内容合并到"努力方向"中去写；如果是常规工作总结，就要概括写存在的主要问题。

（3）今后的工作和努力的方向。这部分内容要写得简单明了。

主体部分内容很多，既需要写基本做法，又需要进行理论分析、归纳，但切记在写作时要以合适的方式来安排结构。常见的结构方式有以下三种：

（1）分部式结构。按"情况—成绩—经验体会—问题—今后设想"或者"做法—效果—体会"的顺序，分成几个大部分来写。每部分可用序号列出，也可恰当地运用小标题，每部分内容用一个小标题表示，或采用段旨句表示，即把观点置于每一段的开头，这是总结中最常见的写法。这种形式适应于单位总结、个人小结或体会。

（2）阶段式结构。把工作的整个过程，按时间顺序划分成几个阶段来写。每个阶段写一个部分，在各个部分中再以块式结构来安排内容。这种形式适合写时限较长而又有明显阶段性的工作总结。

（3）观点式结构。根据内容归纳出几个观点，每个观点就是一个大层次，使用"一、二、三、……"序号排列，逐条叙述，条文之间具有比较严密的逻辑关系。这种结构形式，能较有效地提升总结的理论性，因此较适于写专题经验性总结。

（三）落款

以主要负责人的名义所做的总结，署名在标题下；以单位或党政机关名义总结或发表的，署名可在标题下也可在文末。若标题上出现了单位名称或负责人姓名，则可不另署名。总结日期可加括号放在标题下，也可不加括号放在文末。

注意事项

一、注意积累，占有材料

总结是较长一段时间内工作的回顾，在整个工作过程中，应时时处处注意积累材料。如果没有丰富的实践材料作为判断的基础和论证的实例，就难以把总结的内容准确而全面地表达出来。掌握材料，尤其是掌握原始材料，是写作总结的基础，是得出结论、寻找规律的依据。

二、探索规律，提炼观点

总结的根本任务就是总结经验，找出规律性的东西。如果总结只是事实的回顾，不探索规律，提炼观点，"总"而不"结"，是没有实际意义的。因此要求总结的制订者从客观实际出发，发掘出事物的本质特点，找出内在联系，找出取得成绩的原因或存在问题的根源，从而认识事物的本质规律，达到指导实践的目的。

三、突出特点，抓好重点

写总结必须抓住特点。否则，今年的总结与去年的总结雷同，写总结就变成了例行公事。这就要求撰写人要不断学习新精神，研究新情况，寻找新经验，抓住特点和重点，写出特色，写深写透。这样写出的总结，才有高度、有新意、有时代感。

四、实事求是，一分为二

写总结必须从客观实际出发，实事求是地反映本单位的情况，恰如其分地评价我们的工作。对成绩要充分肯定，对问题要客观分析，不浮夸，不虚构，不隐瞒，不缩小。这样才能发扬成绩，纠正错误，更好地改进工作。任何弄虚作假和主观臆断，都会影响总结的严肃性。

五、语言准确、简练生动

写总结一般不使用描绘性语言，而是以简明的叙述、准确地说明来反映实践的情况与本质。具体、准确的数字非常具有概括性，是最具有说服力的文字。

六、总结与计划的关系

总结与计划在内容与写作上有一定的联系。总结是计划执行的结果，做总结既要以计划为依据，又要对计划完成情况做出判断；计划的制订也要以上一阶段的总结为依据，其目标、任务、措施都应参照上一阶段总结的情况提出来。

总结与计划的区别在于：计划是在工作之前制订的；总结则是在工作到一定阶段或全部工作完成后进行的。计划的内容是为完成一定任务所设想的具体步骤、方法和措施，重在叙述说明；总结则是对一定阶段的工作或计划执行情况做出的总分析、总评价，重在找出有规律性的东西，做出理论概括。计划所要回答的问题是做什么，怎样做，做到什么程度；总结要回答的问题则是做了什么，做得怎样，有何工作规律。

选文参考

【选文1】

售后服务是企业的命根子
——××集团技术服务中心2022年工作总结

2022年，××集团技术服务中心全体员工和分布在全国各地维修网点的员工一起，根据"售后服务是企业的命根子"的指示精神，坚持"拥有××电器，享受一流服务"的宗旨和"一切为了使用户满意"的标准，发扬"同心多奉献，合力创一流"的企业精神，大力开展优质服务活动，扎扎实实地做好各项工作，实现了2022年的总体目标。全年维修合格率达99.8%，比去年上升了30.3%；维修返修率0.2%，比去年下降30.13%；用户来信处理率100%，全年未出现重大的维修质量投诉，赢得了用户和社会各界的好评，促进了××系列产品的销售，促进了××售后服务工作向服务质量标准化、服务网络体系化、服务管理规范化、服务方式多样化、服务经营一体化的方向发展。

回顾一年来,我们主要做了以下几项工作。

一、优化网点建设,加强网点管理(略)

(一)开展网点升级达标活动

××(略)

(二)开展网点调研考察

××(略)

(三)合理调整网点布局,扩大维修服务的覆盖面

××(略)

(四)开展用户抽查,优化网点结构

××(略)

二、调整售后服务策略,适应市场和用户需要

(一)增加服务项目,扩展服务范围

××(略)

(二)转换服务形式,提高服务水平

××(略)

(三)开拓服务经营一体化道路,增强自身实力

××(略)

三、提高员工素质,深化优质服务

××(略)

四、开展"万宝电器百日维修服务质量无投诉"活动

（一）增加××项目，扩展××范围

××（略）

（二）转换××形式，提高××水平

××（略）

（三）开拓××道路，增强××实力

××（略）

2022年是××事业发展的关键一年，也是实现集团中期发展规划的决定性一年。我中心必须进一步贯彻落实关于"售后服务是企业的命根子"和关于"服务先于销售"的指示精神，坚持"一切为了使用户满意"的最高标准，把售后服务工作作为首要任务，为维护××信誉做出更大贡献。

> **简评** 这是一篇企业售后服务的综合性总结。标题采用正副标题式，正题揭示文章的中心内容，副题标示出单位、时间、事由和文种。正文由前言、主体、结尾三部分组成。前言部分概述了基本情况，交代了总结所涉及的时限、单位、背景、工作任务、完成情况，并引用数据概述了成就，用语精练，字里行间洋溢着信心和决心，然后用"回顾"一句过渡转入主体部分。主体部分分四大项列举了一年来的主要工作，内容按逻辑顺序排列，围绕着"命根子"这个中心，充分证明了总结中所提出的各个观点。最后以展望作结，充满了信心，反映了企业的精神面貌。

【选文2】

××师范学校第九届艺术节总结

××市××师范学校第九届艺术节于2023年5月7日至18日举行，历时12天。本届艺术节在全校师生的共同努力下取得了圆满成功，主要表现在以下几个方面。

一、思想统一，组织有力

为搞好本届艺术节，我校在3月12日即专门成立了以校长为组长、各部门负责人和

各班班长为组员的筹备小组。经过广泛深入的宣传，本届艺术节"高品位、高质量、高效益"的目标成了全校师生的共同追求，保证了各项工作都能及时落实到位。

二、内容丰富，推陈出新

本届艺术节共设有六项内容，包括开幕式暨音舞组教师专场演出、演讲比赛、童话剧专场演出、学生"弹、唱、跳、画"四项技能综合比赛、师生书画作品展、闭幕式暨学生文艺汇演。这些内容涉及音乐、舞蹈、书法、美术、演讲、表演、创编等很多方面。筹备小组成员积极发扬创新精神，注重内容的推陈出新，本届艺术节的内容有一半是新创作的。譬如，音舞组教师专场演出、学生"弹、唱、跳、画"四项技能综合比赛、童话剧专场演出三项活动在我校艺术节中均属首次举办。

三、参与面广，质量较高

经初步统计，全校师生不仅人人参与，而且直接参与本届艺术节六项重大活动的就高达近两千人次，平均每人要直接参与三项活动。参与本届艺术节的人数和人次在历届艺术节中均是最多的。节目质量高、精彩纷呈是本届艺术节的又一重要特点。例如，同学们自编自演的十个童话剧经录音剪辑后在市人民广播电台《红蜻蜓》节目中逐一播出。童话剧《森木编辑部》还被市电视台选中参加了市"庆六一"文艺晚会。这些固然与师生们思想重视，准备充分有关，同时也说明了我校艺术教育的质量上了一个新台阶。

四、宣传力度大，社会影响好

为了做好本届艺术节的对外宣传工作，筹备小组组织了艺术节宣传报道班子。市电视台、市人民广播电台、《××晚报》等新闻媒体也对艺术节给予了极大的关注和支持，进行了跟踪报道，使本届艺术节产生了前所未有的社会影响，得到了社会各界的一致赞誉，学校知名度也因此有了较大提高。

在本届艺术节取得圆满成功的同时，我们也清醒地看到了两个方面的不足：一是学生软笔书法水平还不尽如人意，书法教学有待进一步加强；二是设置的活动项目过多，师生承担的任务过重，对这期间的课堂教学略有影响。这些应在以后的艺术节中注意克服。

我们深信，本届艺术节的成功经验一定能成为把我校艺术节越办越好的重要基础，勇于创新的××师范人一定会在以后的艺术节中收获更多的成果！

××市××师范学校

2023年5月20日

> **简评** 这是一篇活动总结。总结了四条经验，观点和材料互相支撑，也写了存在的两个方面的不足，简要谈了一下今后努力的方向。总体而言，较为规范。分条列项，条理清晰，可供借鉴。写总结的最终目的是为了指导今后的工作和学习，所以写总结必须要从以往的工作和学习中找到那些有用的规律性的认识——经验教训。选文提炼的四条经验流于浅层次，还可以深挖、提升一下。

【选文3】

××机械厂见习总结

2023年3月16日，我和同学们怀着好奇和激动的心情走进××机械厂进行为期两周的见习。这次见习以参观学习为主，旨在开拓我们的视野，增强专业意识，加深对专业课程的理解。见习方式主要有听讲座、下生产车间参观。通过这次见习，我们学到了很多校园里学不到的东西，受益匪浅。

一、见习中的收获

（一）通过见习，我在思想上有很大的转变。以前，在学校里学知识的时候总是老师往我们的大脑里灌，自己根本没有那么强烈的求知欲，大多是被动地去学习。到工厂见习后，深感自己知识的贫乏，对我触动很大。工厂里紧张的工作气氛无形中激起了我强烈的求知欲望。

（二）了解了所学知识在生产实践中的应用。在见习中，我了解了传感器在生产设备中的应用、电子技术在机械制造工业中的应用、精密机械制造在机器制造中的应用。通过这次生产见习，进一步巩固和深化了所学的理论知识，弥补了理论学习的不足，为后续专业课学习打下了良好的基础。

（三）学会了主动沟通。在学校时，我总像旁观者一样学习，等着老师来和我沟通；到工厂见习后，我发现如果不主动和师傅沟通，就什么也学不到。所以，我现在做事变得积极主动，常常是边看、边学、边问。

（四）提高了社会工作能力。在见习过程中，我不仅从企业员工身上学到了知识和技能，感受到了他们的敬业精神，还了解了企业的科学管理模式。深入工厂，使我消除了走向社会的恐惧心理，能以良好的心态去面对社会。

（五）增强了领悟和创新的能力。见习为我们提供了全新的学习方式和难得的学习机会，让我从传统的被动学习转变为主动学习，从死记硬背转变为在实践中学习，增强了领悟和创新的能力。

二、不足和今后的努力方向

（一）分不清主次。我因为缺乏经验，工作中很多问题不能分清主次，培训和学习中找不到重点，以后我要在这方面加强训练。

（二）缺乏积极的工作态度。我在见习中工作态度比较被动，仅限于完成安排的工作任务，却不能主动争取各种锻炼机会。

在今后，我要努力克服惰性，无论是学习还是工作都要更加积极主动。

林晓
2023年4月5日

简评 这是一篇见习总结。总结的各个要素基本齐全，收获部分的内容写作不够精练，缺乏一定的提炼，深挖一下。总结需要深刻、透彻地分析取得成绩的原因、条件、做法及存在问题的根源和教训，揭示工作中带有规律性的东西。回顾要全面，分析要透彻。选文结尾部分有点仓促，可以谈一谈针对当前存在的问题，今后应该如何去改进，阐释一下大致的思路和想法。

学而思

一、完成"任务导入"部分的写作任务。

二、应用文写作这门课程接近尾声，通过一学期的学习，你的写作水平是否得到了很大幅度的提升呢？你都学会了哪些文种的写作？在写作过程中，你总结出哪些规律？日常生活中，你运用应用文写作解决了哪些问题？你的应用文写作还存在哪些问题？按照总结写作的要求，来写一份关于应用文写作课程学习的总结吧！

学而思
参考答案

参考文献

[1] 杨文丰. 高职应用写作[M]. 5版. 北京：高等教育出版社，2022.

[2] 韦志国. 财经应用写作[M]. 3版. 北京：北京理工大学出版社，2019.

[3] 冯汝常. 大学应用写作[M]. 上海：高等教育出版社，2016.

[4] 杨巧云，钟德玲. 现代应用文写作[M]. 北京：清华大学出版社，2010.

[5] 马琳. 应用文写作实训教程[M]. 2版. 济南：山东人民出版社，2023.

[6] 张德实. 应用写作[M]. 2版. 北京：高等教育出版社，2003.

[7] 朱利莎. 新编应用文项目化教程[M]. 北京：新华出版社，2014.

[8] 厉向君. 现代实用文体写作教程[M]. 东营：中国石油大学出版社，2015.

[9] 熊晓亮，刘鑫. 财经应用文写作[M]. 长沙：湖南师范大学出版社，2016.

[10] 刘宏彬. 新编应用文写作教程[M]. 北京：清华大学出版社，2016.

[11] 李娟梅，钱慧梅. 应用文写作项目化教程[M]. 沈阳：东北大学出版社，2015.

[12] 李春. 应用文写作项目化教程[M]. 北京：科学技术文献出版社，2013.

[13] 潘力锐，韦星. 新编应用写作[M]. 长沙：湖南师范大学出版社，2016.

［14］朱上准. 新编财经应用文写作教程［M］. 北京：北京邮电大学出版社，2014.

［15］曾辉，袁红兰，郭敏. 应用文写作教程［M］. 上海：上海交通大学出版社，2012.

［16］彭海河. 经济应用文读写教程［M］. 天津：南开大学出版社，2016.

［17］张文英. 新编应用文写作教程［M］. 天津：南开大学出版社，2017.

［18］陈荣邦，丁晓. 应用写作［M］. 北京：北京出版社，2014.

［19］中共中央办公厅，国务院办公厅. 党政机关公文处理工作条例（中办发〔2012〕14号）.

［20］国家治理监督检验检疫总局、国家标准化管理委员会. 党政机关公文格式（GB/T 9704—2012）.